SCHMITT 1964

ŒUVRES COMPLÈTES
DE
SIR WALTER SCOTT.

Traduction Nouvelle.

PARIS,
CHARLES GOSSELIN ET A. SAUTELET ET C°.

LIBRAIRES-ÉDITEURS.

M DCCC XXVIII.

ŒUVRES COMPLÈTES

DE

SIR WALTER SCOTT.

TOME PREMIER.

IMPRIMERIE DE H. FOURNIER,
RUE DE SEINE, N° 14.

HISTOIRE D'ÉCOSSE

RACONTÉE

PAR UN GRAND-PÈRE

A SON PETIT-FILS.

DÉDIÉE

A HUGH LITTLEJOHN, ESQ.

TOME PREMIER.

(Tales of a grandfather, being stories taken from Scottish history, etc.)

PRÉFACE

DE L'AUTEUR.

Ces contes (1) ont été composés dans les intervalles d'autres travaux, pour l'usage du jeune enfant auquel ils sont dédiés. Ayant paru n'être pas sans utilité pour lui, ils sont aujourd'hui offerts au public, dans l'espoir que d'autres aussi pourront y puiser quelque instruction. Quoique cette compilation ne soit donnée que sous le titre de contes ou historiettes tirés des chroniques écossaises, on y trouvera néanmoins une esquisse générale de l'histoire de ce pays, depuis l'époque où elle présente quelque intérêt, et un choix de ses traits les plus pittoresques et les plus saillans.

(1) L'ouvrage anglais est intitulé : *Contes d'un grand-père, etc.*
Tr.

PRÉFACE DE L'AUTEUR.

L'auteur de cette compilation historique croit devoir faire observer qu'après avoir commencé sa tâche de manière à se mettre à la portée de l'intelligence la plus bornée, comme, par exemple, dans l'histoire de Macbeth, il fut amené par degrés à envisager différemment son sujet en remarquant qu'un style beaucoup plus relevé avait plus d'intérêt pour son jeune lecteur. Il n'y a point de mal, il y a de l'avantage, au contraire, à présenter à un enfant des idées qu'il ne saisisse pas trop aisément et du premier coup-d'œil; les obstacles qu'il rencontre, pourvu qu'ils ne soient ni trop grands ni trop fréquens, excitent sa curiosité et encouragent ses efforts.

AVIS

DE L'ÉDITEUR.

Dans la Préface qui précède, sir Walter Scott convient lui-même que cet ouvrage, dans lequel il n'avait d'abord voulu présenter qu'une série d'historiettes amusantes, s'est agrandi, presque à son insu, sous sa plume, et qu'entraîné par son sujet, il a composé une véritable histoire d'Écosse. Mais cette histoire, il l'a ornée de tout ce que les chroniques écossaises renferment de piquant et de varié, et il a su lui donner tout l'intérêt d'un roman.

Quoique ce livre soit un des derniers qu'ait publiés sir Walter Scott, nous avons cru devoir le placer, dans la distribution des volumes, immédiatement après la *Notice générale sur l'Auteur et ses écrits*, comme formant une véritable introduction aux poëmes et aux romans sur l'Écosse. C'est d'après les mêmes considérations que dans les notes qu'il nous a paru nécessaire d'y ajouter, nous avons fréquemment indiqué ou rappelé les passages des romans et des poëmes qui ont un rapport direct avec cette partie purement historique des ouvrages de sir Walter Scott. Ces récits, d'où la fiction est exclue, rentrent d'ailleurs, par la forme et le style, dans le cadre général de ces compositions plus ou moins romanesques par lesquelles l'écrivain national de l'Écosse a voulu *illustrer* (pour nous servir d'une expression anglaise) les annales, les mœurs, et les coutumes de son pays : rattacher de plus en plus ces récits nouveaux aux romans et aux poëmes qui ont bien aussi plus d'un rapport avec l'histoire proprement dite, c'est, il nous semble, compléter heureusement l'idée de notre commentaire destiné surtout à éclaircir les allusions locales et historiques.

Sir Walter Scott a terminé son histoire à la réunion des deux couronnes sur la tête de Jacques VI. Nous avons cru devoir indiquer dans un supplément sur quels faits généraux reposent celles de ses compositions dont le sujet est emprunté aux règnes subséquens, jusqu'après l'union des deux royaumes sous la reine Anne. Nous avons puisé souvent dans les divers ouvrages de l'auteur lui-même cette continuation, qui appartient plutôt à notre Commentaire qu'à l'Histoire d'É-

AVIS DE L'ÉDITEUR.

cosse, racontée par un grand-père à son petit-fils.

C'est véritablement pour son petit-fils que sir Walter Scott a composé cette histoire. Hugh Littlejohn (1) est fils de M. Lockhart, avocat d'Édimbourg, qui s'est fait lui-même un nom dans les lettres, et il a pour mère la fille aînée de sir Walter Scott, femme d'une grace et d'une amabilité toute française. M. Lockhart habite Londres; mais tous les ans il va passer plusieurs mois avec sa famille à Abbotsford, résidence de sir Walter Scott qui a été décrite avec détail dans le *Voyage historique et littéraire en Angleterre et en Écosse* du docteur Amédée PICHOT, ainsi que dans l'ouvrage intitulé: *Vues pittoresques de l'Écosse*, dont le texte est dû au même écrivain (2). Le traducteur de cette *Histoire d'É-*

---

(1) Littlejohn, *Petit-Jean*, est un nom familier pour désigner le jeune Lockhart.

(2) Les souscripteurs à cette édition des OEuvres de sir Walter Scott trouveront souvent indiqué dans les notes, le *Voyage en Angleterre et en Écosse* comme une source où ils pourront puiser des précieux renseignemens sur la littérature anglaise, ainsi que sur les mœurs et les coutumes de la Grande-Bretagne. Le succès de cet ouvrage nécessitant bientôt une seconde édition, les libraires éditeurs ont l'intention de la publier dans le format in-18, et conforme à cette édition des OEuvres de sir Walter Scott.

Les *Vues pittoresques de l'Écosse* forment un volume petit in-folio, orné de soixante *vues* et de douze vignettes. Cet ouvrage est en quelque sorte le complément obligé de notre collection.

cosse a eu lui-même le bonheur de voir cette réunion de famille l'automne dernier, et c'est le plus doux souvenir qui lui reste d'un voyage fait dans un pays sur lequel le talent du poète et du romancier a su jeter le charme qui semblait être le privilège exclusif des contrées classiques de la Grèce et de l'Italie.

Le célèbre Wilkie a réuni dans un de ses tableaux les membres de cette respectable famille, et l'on trouvera dans la *Notice* la lettre que sir Walter Scott a adressée à M. Ferguson, sur la gravure de cette composition intéressante.

31 janvier 1828.

DÉDICACE.

A HUGH LITTLEJOHN, ESQ.

TRÈS-RESPECTÉ MONSIEUR,

Je ne suis pas encore arrivé à cet âge vénérable qui pourra me ramener au niveau du vôtre; cependant j'éprouve déjà plus de plaisir à chercher un auditeur tel que vous, qui se laisse raconter vingt fois la même histoire, qu'à essayer d'instruire ceux de mes contemporains, plus difficiles, qui sont tous disposés à élever des objections contre tout récit qu'ils ont déjà une fois entendu. Il est donc probable que, si nous avions dû rester ensemble, je vous aurais raconté plus d'une fois la plupart des histoires contenues dans cet ouvrage. Mais, puisqu'il en est autrement, je n'ai d'autre parti à prendre que de les réunir dans ce recueil, où vous pourrez les lire aussi souvent que l'envie vous en prendra.

J'ai imité, dans ce petit ouvrage, un livre que vous connaissez bien ; je veux dire le *Recueil de contes tirés de l'histoire d'Angleterre*, et qui a obtenu une vogue si méritée.

Néanmoins, comme vous vous trouvez être une personne qui unit une grande pénétration à beaucoup d'amour pour l'étude, mon intention a été de composer un petit livre qui non-seulement pût vous être utile à l'âge de cinq ou six ans, ce qui est, je crois, à peu près l'âge de Votre Seigneurie, mais qui ne fût pas trop au-dessous de vous, soit pour le style, soit pour les idées, à l'âge plus grave de huit ou dix ans. Si quelque chose vous paraissait donc aujourd'hui un peu trop difficile à comprendre, songez que, dans un an ou deux, vous comprendrez sans peine ce qui vous embarrasse maintenant; ou plutôt faites un grand effort, et vous finirez par arriver jusqu'au sens, tout comme vous savez bien atteindre à une chose qui vous fait envie sur une planche un peu haute, en vous dressant sur la pointe du pied, au lieu d'attendre que vous soyez devenu un peu plus grand. Ou bien encore votre papa pourrait venir à votre secours, et alors ce serait comme s'il vous plaçait sur un tabouret pour vous mettre à portée de prendre ce que vous voulez avoir.

Adieu donc, mon cher Hugh Littlejohn. Si la lecture de ce petit ouvrage contribue à votre amusement et à votre instruction, cela fera grand plaisir à

Votre affectionné

Grand-Père.

HISTOIRE D'ÉCOSSE

RACONTÉE

PAR UN GRAND-PÈRE

A SON PETIT-FILS.

(𝔗ales of a grandfather, being stories taken from Scottish history, etc.)

CHAPITRE PREMIER.

COMMENT L'ANGLETERRE ET L'ÉCOSSE VINRENT A FORMER
DEUX ROYAUMES SÉPARÉS.

L'ANGLETERRE est la partie méridionale, et l'Écosse la partie septentrionale de l'île célèbre appelée Grande-Bretagne. L'Angleterre est beaucoup plus grande que l'Écosse; le sol en est bien plus fertile et produit de plus abondantes moissons. Les hommes y sont aussi en bien plus grand nombre, et les gens de la ville, comme ceux de la campagne, y jouissent de plus d'aisance, et ont de meilleurs habits et une meilleure nourriture qu'en Écosse.

L'Écosse, au contraire, est pleine de montagnes, de landes (1) immenses et de déserts stériles qui ne produisent aucun grain, et où les moutons et les bêtes à cornes trouvent à peine de quoi se nourrir. Mais les terres basses qui avoisinent les grandes rivières sont plus fertiles et se couvrent de belles moissons. Les habitans de l'Écosse mènent en général une vie plus dure que ceux de l'Angleterre.

Comme ces deux nations habitent aux deux extrémités de la même île, et sont séparées des autres parties du monde par de vastes mers orageuses (2), il semblait naturel qu'elles fussent amies l'une de l'autre, et qu'elles vécussent sous le même gouvernement. En effet, il y a

---

(1) Le terme de *landes* nous paraît l'équivalent de celui de *moors*, qui ne signifie pas précisément *marais* (fen, marsh) comme l'indiquent les dictionnaires, mais des plaines de bruyères. Ce mot appartient plus spécialement au nord de la Grande-Bretagne. Le terme écossais pour *marais* est *moss, morass*: d'ailleurs il y a aussi dans l'étendue des *moors* des parties de terrain plus ou moins molles et humides. Voyez les notes du premier volume de *Waverley* sur la nature des Highlands. Plus loin, l'auteur lui-même, pag. 22 du texte, nous donne la synonymie du terme *moor*: *a great moor or heath*, une grande lande ou bruyère. — Éd.

(2) C'est le *penitùs toto divisos orbe Britannos* de Virgile.
Éd.

ANGLETERRE ET ÉCOSSE.

à peu près deux cents ans, le roi d'Écosse devint roi d'Angleterre, comme je vous le dirai dans une autre partie de cet ouvrage, et depuis lors les deux peuples n'ont plus formé qu'un seul royaume qu'on appelle Grande-Bretagne.

Mais avant cette heureuse union de l'Angleterre et de l'Écosse, il y eut entre les deux peuples de longues, sanglantes et cruelles guerres; et, au lieu de se secourir et de s'aider l'un l'autre comme de bons voisins, ils se firent tout le mal qu'ils purent, envahissant réciproquement leurs territoires, massacrant les habitans, brûlant les villes, et emmenant prisonniers les enfans et les femmes. Cela dura pendant bien des siècles; et je vais vous dire maintenant d'où venait que l'île était ainsi divisée.

Il y a bien long-temps, dix-huit cents ans et plus, il existait une nation brave et guerrière appelée les Romains, qui entreprit de conquérir le monde et de soumettre tous les peuples, de manière à faire de leur ville de Rome la reine de toutes les nations couvrant la face de la terre. Après s'être emparés de ce qui se trouvait soit près soit loin d'eux, ils arrivèrent enfin en Bretagne, et firent la guerre à ses habitans, qui s'appelaient Bretons. Les Romains, qui étaient braves et bien armés, battirent les Bretons, et prirent possession de presque toute la partie plate de l'île, qu'on nomme aujourd'hui Angleterre (1), ainsi que d'une partie du

(1) England. — Éd.

midi de l'Écosse (1). Mais ils ne purent pénétrer dans les hautes montagnes du nord, où ils ne trouvèrent que difficilement de quoi nourrir leurs soldats, et dont les habitans leur opposèrent une vigoureuse résistance.

Depuis les habitans sauvages d'Écosse, que les Romains n'avaient pu soumettre, commencèrent à descendre de leurs montagnes, et à faire des invasions dans la partie du pays conquise par les Romains.

Les habitans de l'Écosse étaient divisés en deux peuples, les Scots et les Pictes; ils étaient souvent en guerre, mais ils se réunirent contre les Romains et contre les Bretons que ceux-ci avaient soumis. A la fin les Romains crurent avoir trouvé un moyen d'empêcher ces Scots et ces Pictes de pénétrer dans la partie méridionale de l'Écosse et de la ravager. Ils bâtirent un mur bien long entre un côté de l'île et l'autre, de manière à ce qu'aucun des Scots et des Pictes ne pût venir dans le pays qui se trouvait du côté méridional du mur; et sur ce mur ils élevèrent des tours, et placèrent des camps de soldats de distance en distance, de manière qu'à la moindre alarme, les soldats pussent courir défendre le côté menacé. Cette première muraille romaine fut construite entre les deux grands Friths (2)

---

(1) Scotland. — Éd.

(2) Frith est le *fretum* des latins, et signifie détroit, bras de mer, là ou les flots sont resserrés entre deux rivages. C'est dans ces deux détroits que la Clyde et le Forth se perdent dans l'Océan; la Clyde du côté de Glascow, le Forth du côté d'Édimbourg.

Éd.

de la Clyde et du Forth, juste à l'endroit où l'île est la plus étroite, et il en reste encore aujourd'hui quelques débris, comme vous pouvez le voir sur la carte.

Cette muraille défendit les Bretons pendant quelque temps, et l'entrée du riche et fertile territoire fut fermée aux Scots et aux Pictes, qui se trouvèrent enfermés dans leurs montagnes. Mais ceux-ci se lassèrent bientôt de cette espèce de captivité; ils s'assemblèrent en grand nombre, et franchirent le mur en dépit de tout ce que les Romains purent faire pour s'y opposer. On prétend que ce fut un soldat nommé Grahame qui passa le premier, et le peuple appelle encore ce qui reste aujourd'hui de la muraille, *Grahame's Dyke* (1).

Or, les Romains voyant que cette première barrière ne pouvait contenir les barbares (car c'est ainsi qu'ils nommaient les Pictes et les Scots), crurent qu'ils feraient bien de leur abandonner une assez grande étendue de pays, espérant qu'après cela ces peuples seraient tranquilles. Ils se mirent donc à construire une autre muraille, beaucoup plus forte que la première, soixante milles plus en arrière du territoire des Scots et des Pictes. Mais les barbares firent autant d'efforts pour franchir cette nouvelle barrière qu'ils en avaient jamais fait pour l'autre. Cependant les soldats romains la défendirent si bien, que les Scots et les Pictes ne purent

---

(1) *Grahame's Dyke*, le mur de Graham. *Dyke* signifie mur, rempart, en écossais, d'où le verbe *to dike*, entourer de murs et de fossés. — Éd.

réussir à passer par-dessus, quoique souvent, au moyen de barques faites de peaux de bœuf étendues sur des cerceaux (1), ils fissent par mer le tour du mur, débarquassent de l'autre côté, et commissent de grands ravages. Pendant ce temps, les pauvres Bretons menaient une vie bien malheureuse; car les Romains, en soumettant leur pays, leur avaient ôté leurs armes. Ils avaient ainsi perdu l'habitude de s'en servir et de se défendre, et comptaient entièrement sur la protection des Romains.

Mais il survint à Rome de grands troubles et de grandes querelles, de sorte que l'empereur romain envoya l'ordre aux soldats qui étaient en Bretagne, de revenir immédiatement dans leur pays, et de laisser les Bretons défendre leur mur comme ils le pourraient contre leurs belliqueux et remuans voisins, les Pictes et les Scots. Les soldats romains en furent bien fâchés pour les pauvres Bretons; mais tout ce qu'ils purent faire pour eux ce fut de réparer le mur de défense. Ils l'élevèrent donc encore, et le rendirent aussi solide que s'il venait d'être construit. Puis, ils s'embarquèrent et quittèrent l'île.

Après leur départ, les Bretons se trouvèrent tout-à-fait hors d'état de défendre le mur contre les barbares; car depuis la conquête de la Bretagne par les Romains,

---

(1) Cette espèce de pirogue s'appelait *courrach* ou *curragh*. Voyez sur cette barque les détails de la note du xvie chapitre de *Waverley*, tome 1er, pag. 182. — Éd.

ils n'étaient plus qu'un peuple mou et sans courage. Aussi les Pictes et les Scots dévastèrent-ils toute la contrée; ils emmenaient les femmes et les enfans en esclavage, s'emparaient de leurs troupeaux, brûlaient leurs maisons, en un mot leur faisaient toute sorte de mal. A la fin les Bretons, ne pouvant résister à ces peuples barbares, appelèrent en Bretagne à leur secours un grand nombre de guerriers de la Germanie, qu'on appelait Anglo-Saxons. Or, c'étaient des hommes braves et courageux, et ils arrivèrent de Germanie sur leurs vaisseaux, débarquèrent sur la côte méridionale de la Bretagne, aidèrent les Bretons à combattre les Scots et les Pictes, et les repoussèrent dans leurs montagnes et leurs retraites inaccessibles, au nord du mur que les Romains avaient construit; depuis lors, ceux-ci n'inquiétèrent plus autant leurs voisins.

Mais les Bretons ne furent pas beaucoup plus heureux après la défaite de leurs ennemis du nord; car, lorsque les Saxons furent venus en Bretagne et qu'ils eurent vu quel beau pays c'était, et combien les habitans étaient incapables de se défendre, ils résolurent de prendre le pays pour eux, et de faire des Bretons leurs serviteurs et leurs esclaves. Les Bretons avaient beaucoup de répugnance à voir prendre ainsi leur pays par ceux qu'ils avaient appelés à leur secours, et ils essayèrent de leur résister; mais les Saxons étaient plus forts et plus braves qu'eux, et ils les battirent si souvent qu'ils finirent par s'emparer de tout le pays plat dans la partie méridionale de la Bretagne. Cependant, les plus braves des Bretons se réfugièrent dans un canton montagneux de la Bretagne qu'on nomme le pays de Galles (1), et là, ils se défendirent contre les Saxons pendant bien des années ; et leurs descendans parlent encore l'ancien langage breton, appelé gallois (2). Pendant ce temps, les Anglo-Saxons se répandirent dans toute la partie méridionale de la Bretagne, et le nom du pays fut changé : il ne s'appela plus Bretagne, mais Angleterre, ce qui signifie la terre des Anglo-Saxons, qui l'avaient conquise.

Tandis que les Saxons et les Bretons combattaient ainsi les uns contre les autres, les Scots et les Pictes, après avoir été repoussés derrière la muraille romaine, se mirent à en faire autant et se battirent entre eux. Enfin, après bien des batailles, les Scots prirent tout-à-fait le dessus sur les Pictes. On dit que ceux-ci furent entièrement détruits ; mais je ne crois pas probable que les Scots aient pu tuer une si grande quantité d'hommes. Ce qu'il y a de certain, c'est qu'ils en tuèrent un grand nombre, qu'ils en chassèrent d'autres du pays, et que le reste devint leurs serviteurs et leurs esclaves. Du moins il ne fut jamais plus question des Pictes après ces grandes défaites, et les Scots donnèrent leur nom à la partie septentrionale de la Bretagne, comme les Angles, ou Anglo-Saxons, avaient donné le leur à la partie méridionale. De là vient le nom de Scotland (Écosse), terre des Scots ou Écossais ; et England (Angleterre), terre des Anglais. Les deux royaumes étaient séparés

---

(1) Wales. — Éd.
(2) Welsh. — Éd.

ANGLETERRE ET ÉCOSSE.

d'abord par la rivière de la Tweed, puis par une grande chaîne de montagnes et de déserts arides, et ensuite par un bras de mer appelé le frith de Solway. Ces limites ne sont pas très-loin de la vieille muraille romaine. Il y a long-temps qu'on a laissé le mur tomber en ruines; cependant il en reste encore quelques parties, comme je l'ai déjà dit, et il est curieux de voir comme il s'étend en droite ligne, quoiqu'il passe tantôt sur de hautes montagnes, et tantôt à travers de profonds marécages.

Vous voyez donc bien que la Bretagne était divisée en trois nations différentes, qui étaient ennemies l'une de l'autre : d'abord l'Angleterre, qui comprenait la partie la plus riche et la plus considérable de l'île, et qui était habitée par les Anglais; puis l'Écosse, pleine de montagnes et de grands lacs, de dangereux précipices, de bruyères sauvages et de vastes marais, qui était habitée par les Scots ou Écossais; et enfin le pays de Galles, où les restes des anciens Bretons s'étaient réfugiés pour se mettre à l'abri des attaques des Saxons.

Les habitans du pays de Galles défendirent leur territoire pendant long-temps; mais les Anglais finirent par s'en emparer. Il n'en fut pas de même de l'Écosse, qu'ils essayèrent bien des fois de soumettre sans pouvoir jamais y parvenir. Les deux pays étaient gouvernés par des rois différens qui se firent bien souvent la guerre, et toujours à outrance. Voilà pourquoi, mon enfant, l'Angleterre et l'Écosse, bien que faisant partie de la même île, furent si long-temps ennemies. Priez votre papa de vous montrer ces deux pays sur la carte, et vous remarquerez que l'Écosse est toute remplie de montagnes et de vastes landes couvertes de bruyères. — Mais j'oublie que M. Hugh Littlejohn est un voyageur, et qu'il a déjà vu l'Écosse et même l'Angleterre de ses propres yeux (1). Toutefois, il ne fera pas mal de jeter un coup d'œil sur la carte.

Les Anglais aiment passionnément leur pays; ils l'appellent la Vieille-Angleterre, et le regardent comme la plus belle contrée que le soleil éclaire. Les Écossais aussi sont fiers de leur patrie avec ses grands lacs et ses hautes montagnes; et, dans leur vieux langage, ils l'appellent la Terre des Lacs et des Montagnes et celle des Braves, et souvent aussi la Terre des Galettes, parce que le peuple se nourrit généralement de galettes de gruau d'avoine au lieu de pain de froment. Mais à présent l'Angleterre et l'Écosse font partie du même royaume, et il est inutile de chercher quel est le meilleur pays ou celui qui renferme les plus braves gens.

Voilà un chapitre assez ennuyeux, M. Littlejohn; mais comme nous avons beaucoup d'histoires à vous raconter sur l'Angleterre et sur l'Écosse, il était nécessaire de savoir un peu quels étaient les pays dont nous allions parler. La prochaine histoire sera plus amusante.

(1) Allusion toute personnelle. Le fils de M. Lockhart habite Londres, résidence habituelle de son père. — Éd.

CHAPITRE II.

HISTOIRE DE MACBETH.

Peu de temps après que les Scots et les Pictes furent devenus un seul peuple, comme je l'ai déjà dit, l'Écosse eut pour roi un bon vieillard nommé Duncan. Il avait deux fils; l'un se nommait Malcolm et l'autre Donaldbane. Mais le roi Duncan était trop âgé pour mener ses troupes à la guerre, et ses fils étaient trop jeunes pour le remplacer.

A cette époque, l'Écosse et même la France, l'Angleterre et les autres contrées de l'Europe, étaient fort tourmentées par les Danois. C'était un peuple hardi, courageux, entreprenant, qui dirigeait ses vaisseaux tantôt d'un côté, tantôt de l'autre, débarquait sur la côte, brûlait et détruisait tout ce qui se trouvait sur son passage. Ils étaient païens, c'est-à-dire qu'ils n'adoraient pas le vrai Dieu ; ils n'aimaient que les combats, le meurtre et le pillage. Quand ils arrivaient dans un pays dont les habitans étaient lâches, ils s'en emparaient, comme je vous ai dit que les Saxons s'étaient emparés de la Bretagne. D'autres fois, ils débarquaient avec leurs soldats, prenaient tout ce qu'ils pouvaient trouver, brûlaient les habitations, puis remontaient sur leurs vaisseaux, mettaient à la voile, et s'éloignaient en toute hâte. Enfin ils commirent tant de ravages, que les peuples adressaient des prières à Dieu dans les églises pour être délivrés de la rage des Danois (1).

Or il arriva, sous le règne de Duncan, qu'une grande flotte de Danois s'approcha de l'Écosse, débarqua des troupes sur la côte de Fife, et menaça de s'emparer de cette province. Une nombreuse armée écossaise fut levée pour aller les combattre. Comme je vous l'ai déjà dit, le roi était trop vieux pour commander son armée, et ses fils trop jeunes encore, de sorte qu'il envoya à sa place un de ses proches parens, nommé Macbeth. Ce Macbeth était fils de Finel qui était *Thane* de Glamis. Les gouverneurs de province avaient alors en Écosse le titre de *Thane* : plus tard, ils prirent celui de

---

(1) Voyez, pour les mœurs *poétiques* des Danois, le début du poëme d'*Harold l'Indomptable* (Poëmes et Mélanges). — Éd.

Comte. Macbeth, qui était un brave guerrier, se mit à la tête de l'armée écossaise, et marcha contre les Danois. Il mena avec lui un de ses parens, nommé Banquo, qui était Thane de Lochaber, et comme lui plein de courage. Il y eut une grande bataille entre les Danois et les Écossais; Macbeth et Banquo battirent leurs ennemis, et les forcèrent de regagner leurs vaisseaux, laissant à terre un grand nombre de soldats morts ou blessés. Alors Macbeth et son armée prirent la route de Forres, ville située dans le nord de l'Écosse, tout joyeux de leur victoire.

A cette époque, il y avait dans la ville de Forres trois vieilles femmes qui passaient pour sorcières, c'est-à-dire pour avoir le don de prédire l'avenir. Personne de nos jours n'ajouterait foi à une semblable folie, sinon quelques sottes gens sans aucune instruction, comme ceux qui consultent des Égyptiens (1) pour se faire dire la bonne aventure; mais, dans ces temps reculés, le peuple était beaucoup plus ignorant, et même de grands hommes comme Macbeth croyaient que des personnes comme les trois vieilles femmes de Forres pouvaient dire ce qui devait arriver par la suite, et ils écoutaient les absurdités qu'elles débitaient, comme si elles eussent été de véritables prophétesses. Les vieilles femmes n'ignoraient pas qu'elles étaient craintes et respectées : elles en abusaient pour tromper les gens en prétendant savoir ce qui devait leur arriver, et c'était à qui leur ferait des présens pour l'apprendre.

(1) *Gypsies*, Égyptiens, Bohémiens, etc. — Éd.

Ces trois vieilles se placèrent donc sur le chemin de Macbeth, dans une vaste plaine de bruyères près de Forres; et, lorsqu'il parut à la tête de ses soldats, la première s'avança en lui disant: — Salut, Macbeth, salut à toi, Thane de Glamis. — La seconde dit à son tour: — Salut, Macbeth, salut à toi, Thane de Cawdor. — Alors, la troisième voulant lui faire un compliment encore plus flatteur que ses compagnes, ajouta: — Salut, Macbeth, salut à toi qui seras roi d'Écosse. Macbeth fut fort surpris de s'entendre donner tous ces titres, et, tandis qu'il cherchait à comprendre ce qu'elles voulaient dire, Banquo s'avança, et demanda aux sorcières si elles n'avaient rien à lui prédire à lui. Elles lui répondirent qu'il ne deviendrait pas aussi grand que Macbeth, mais que, bien qu'il ne dût jamais être roi, ses enfans succéderaient au trône d'Écosse, et régneraient un grand nombre d'années.

Avant que Macbeth fût revenu de sa surprise, il arriva un messager qui lui apportait la nouvelle de la mort de son père, de sorte qu'il devenait par héritage Thane de Glamis. Vint ensuite un second messager, envoyé par le roi pour remercier Macbeth de la grande victoire remportée sur les Danois, et pour lui annoncer que, le Thane de Cawdor s'étant révolté contre le roi, Sa Majesté lui avait retiré son gouvernement pour le donner à Macbeth, qui se trouvait ainsi Thane de Cawdor aussi bien que de Glamis. Les deux sorcières avaient donc eu raison de le saluer de ces deux titres; mais j'ose dire qu'elles savaient quelque chose de la mort de son père, et de l'intention du roi de lui donner le gou-

vernement de Cawdor, bien qu'il l'ignorât encore lui-
même.

Cependant Macbeth, voyant une partie de leurs prédictions vérifiée, commença à se demander comment il
devait s'y prendre pour que le reste s'accomplît également, et pour qu'il devînt roi, comme il était devenu
Thane de Glamis et de Cawdor. Macbeth avait une
femme méchante et ambitieuse, qui, s'apercevant que
son mari pensait à devenir roi d'Écosse, l'encouragea
dans ses desseins de tout son pouvoir, et lui persuada
que le seul moyen de s'emparer de la couronne était de
tuer le bon vieux roi Duncan. Macbeth ne voulait pas
commettre un si grand crime : il se rappelait combien
Duncan était un bon roi; il ne pouvait oublier qu'il
était son parent, et qu'il l'avait toujours comblé de
bontés, lui avait confié le commandement de ses
troupes, et l'avait nommé Thane de Cawdor. Mais sa
femme lui répétait sans cesse qu'il y avait folie et lâcheté insigne de sa part, à ne pas saisir l'occasion de
devenir roi quand il ne tenait qu'à lui de s'assurer de
ce que les sorcières lui avaient promis : tant et si bien,
que les perfides conseils de sa femme, joints aux prédictions des misérables vieilles, poussèrent enfin Macbeth à donner la mort à son roi et à son ami. La manière dont il commit ce crime le rend encore plus
abominable.

Macbeth invita Duncan à venir le visiter dans un
grand château qu'il possédait près d'Inverness. Le bon
roi, qui ne se méfiait nullement de son parent, accepta

volontiers son invitation. Macbeth et sa femme reçurent le roi et sa suite avec de grandes démonstrations de joie, et lui offrirent un beau festin, comme un sujet devait le faire pour fêter dignement son roi. Vers le milieu de la nuit, Duncan désira se retirer, et Macbeth le conduisit dans un appartement magnifique qui avait été préparé pour lui. C'était l'usage, dans ces temps barbares, que, pendant le sommeil du roi, deux hommes armés demeurassent dans sa chambre, pour le défendre si quelqu'un venait à l'attaquer. Mais la méchante lady Macbeth avait fait boire à ces deux gardes une grande quantité de vin dans lequel elle avait jeté quelques drogues; de sorte que, lorsqu'ils arrivèrent dans la chambre du roi, ils s'endormirent tous deux, et d'un si profond sommeil que rien ne put les réveiller.

Vers deux heures du matin, le cruel Macbeth s'introduisit dans la chambre de Duncan. Il faisait alors un orage affreux; mais le bruit du vent et du tonnerre n'éveilla pas le roi, parce qu'il était vieux, et fatigué de son voyage. Il n'éveilla pas davantage les sentinelles. Ils dormaient tous trois profondément. Macbeth, marchant sans bruit, prit les deux poignards des gardes, et frappa le pauvre roi Duncan au cœur, et cela avec tant de succès, qu'il expira sans pousser même un gémissement. Alors Macbeth mit les deux poignards sanglans dans les mains des soldats, et couvrit leurs visages de sang, afin qu'ils parussent avoir commis le meurtre. Macbeth sortit alors effrayé du crime qu'il avait commis, mais sa femme lui fit laver le sang qui souillait ses mains, et l'emmena dans son appartement.

Le lendemain de bonne heure, les seigneurs qui accompagnaient le roi se rassemblèrent dans la grande salle du château, et se mirent à parler de l'orage affreux qu'il avait fait la nuit précédente. Mais Macbeth entendait à peine ce qui se disait, car il pensait à quelque chose de bien plus terrible que l'orage, et se demandait avec effroi ce que ces seigneurs allaient dire quand ils apprendraient le meurtre du roi. Ils attendirent quelque temps; mais enfin, ne voyant pas sortir le roi de son appartement, un des seigneurs entra pour savoir s'il n'était pas incommodé. Mais, lorsqu'il fut dans la chambre du malheureux Duncan, il le trouva étendu raide et sans vie, et les deux sentinelles, leurs poignards sanglans à la main, dormant d'un profond sommeil. Dès que les seigneurs écossais virent cet affreux spectacle, leur fureur égala leur étonnement. Macbeth fit semblant d'être plus furieux qu'eux tous, et, saisissant son épée avant que personne pût l'arrêter, il tua les deux sentinelles qui avaient passé la nuit dans la chambre de Duncan, feignant de croire qu'elles seules étaient coupables du meurtre de ce bon roi.

Lorsque les deux fils de Duncan, Malcolm et Donaldbane, virent que leur père avait été assassiné d'une manière si étrange dans le château de Macbeth, ils commencèrent à trembler pour leur propre vie, et ils s'enfuirent de l'Écosse. Car, malgré tout ce que Macbeth avait pu dire, ils le soupçonnaient fortement du meurtre du roi. Donaldbane se réfugia dans une île éloignée; mais Malcolm, le fils aîné de Duncan, se rendit à la cour d'Angleterre, pour obtenir du roi qu'il l'aidât à monter sur le trône d'Écosse comme successeur de son père.

Pendant ce temps, Macbeth prit possession du royaume, et de cette manière toutes les prédictions des sorcières se trouvèrent accomplies. Cependant il était loin d'être heureux. Il se mit à réfléchir à l'énormité du crime qu'il avait commis en assassinant son bienfaiteur et son ami, et il se dit que quelque ambitieux comme lui pourrait bien lui préparer le même sort. Il se rappela aussi que les trois vieilles femmes avaient annoncé que les enfans de Banquo hériteraient après lui du royaume d'Écosse, et il craignit que, pour hâter ce moment, Banquo ne conspirât contre lui, comme il avait conspiré contre le roi Duncan. Les méchans croient toujours que tout le monde leur ressemble. Pour prévenir ce danger, il aposta des scélérats dans un bois où Banquo et son fils se promenaient souvent le soir, et il leur donna ordre de les mettre à mort l'un et l'autre. Ces misérables firent ce que Macbeth leur avait ordonné; mais, pendant qu'ils achevaient Banquo, le jeune Fleance s'échappa de leurs mains, s'enfuit d'Écosse, et se réfugia dans le pays de Galles; et l'on dit que long-temps après ses enfans montèrent sur le trône d'Écosse.

Macbeth ne fut pas plus heureux après avoir lâchement assassiné son brave cousin Banquo. Il savait qu'on commençait à soupçonner les crimes qu'il avait commis, et il était dans des craintes continuelles que quelqu'un ne vengeât sur lui le meurtre du vieux roi, ou que

Malcolm, obtenant du secours du roi d'Angleterre, ne vînt lui faire la guerre et lui ravir la couronne. En proie à toutes ces inquiétudes, il eut l'idée de consulter de nouveau les sorcières dont les paroles perfides avaient fait naître en lui l'ambition de devenir roi. On suppose bien qu'il leur offrit des présens et qu'elles cherchèrent à l'entretenir dans l'idée qu'elles savaient prédire l'avenir. Elles lui dirent donc qu'il serait toujours vainqueur et qu'il conserverait la couronne jusqu'à ce qu'une grande forêt appelée Birnam-Wood vînt l'attaquer dans un château-fort construit sur une haute montagne nommée Dunsinane. Or, cette montagne était séparée de la forêt de Birnam par une vallée qui avait douze milles d'étendue. Et d'ailleurs, il paraissait impossible à Macbeth que des arbres vinssent jamais faire le siège d'un château. Il résolut donc de le fortifier encore, le regardant comme une retraite imprenable où il serait toujours en sûreté. Dans ce dessein il somma toute la noblesse et les Thanes d'Écosse de lui envoyer du bois, des pierres, enfin tous les matériaux nécessaires aux constructions qu'il projetait, et de les monter avec des bœufs jusqu'au sommet de la montagne.

Parmi les seigneurs obligés de fournir des matériaux, des bœufs et des chevaux pour ce laborieux ouvrage, il s'en trouvait un nommé Macduff, Thane de Fife. Macbeth craignait ce Thane, qui passait pour avoir autant de sagesse que de courage, et il était persuadé qu'il se réunirait au prince Malcolm si celui-ci rentrait en Écosse à la tête d'une armée.

Macbeth nourrissait donc en secret une haine violente contre le Thane de Fife; mais il la cachait soigneusement à tous les yeux, jusqu'à ce qu'il trouvât quelque occasion de se défaire de lui comme il s'était défait de Duncan et de Banquo. Macduff, de son côté, se tenait sur ses gardes. Il venait à la cour aussi rarement que possible; car il ne se croyait en sûreté que dans son château de Kennoway, situé sur la côte de Fife, près de l'embouchure du Frith de Forth.

Cependant, le roi ayant engagé plusieurs de ses nobles, et entre autres Macduff, à venir le trouver dans son nouveau château de Dunsinane, il fallut obéir; personne n'osa s'en dispenser. Or, le roi devait leur donner une grande fête. Pendant qu'on s'occupait des préparatifs nécessaires, Macbeth sortit avec quelques amis pour voir monter les pierres et les charpentes destinées à agrandir et à fortifier le château. Les bœufs avaient beaucoup de peine à gravir la montagne; car elle était fort raide, les fardeaux étaient pesans et la chaleur accablante. Enfin Macbeth aperçut un attelage de bœufs si fatigués, qu'ils ne pouvaient pas aller plus loin, et qu'ils tombèrent sous leur charge. Le roi entra dans une violente colère, et demanda lequel de ses Thanes avait osé envoyer des bœufs si faibles et si peu propres au travail, lorsqu'il y avait tant à faire. Quelqu'un répondit que cet attelage appartenait à Macduff, Thane de Fife. — Eh bien! s'écria le roi, puisque le Thane de Fife m'envoie de si chétifs animaux, je le mettrai lui-même sous le joug, et ce sera lui qui traînera les fardeaux.

Un ami de Macduff entendit ces paroles menaçantes, et il se hâta de les répéter au Thane de Fife, qui se promenait dans la grande salle du château où le festin était préparé. Dès l'instant que Macduff apprit ce que le roi avait dit, il vit bien qu'il n'avait pas un instant à perdre pour s'échapper ; car toutes les fois que Macbeth menaçait de faire du mal à quelqu'un, on pouvait être sûr qu'il tiendrait parole. Aussitôt saisissant un pain sur la table du roi, le Thane appela ses gens, demanda ses chevaux, et reprit au galop la route de la province de Fife avant que Macbeth et les autres seigneurs fussent rentrés au château. La première chose que le roi demanda à son retour fut ce qu'était devenu Macduff ; ayant appris qu'il s'était enfui de Dunsinane, il monta sur-le-champ à cheval, se mit à la tête d'un corps de troupes, et marcha à la poursuite du Thane dans l'intention de le mettre à mort.

De son côté Macduff fuyait de toute la vitesse de son cheval ; mais il était si dépourvu d'argent, que lorsqu'il lui fallut passer le Tay à l'endroit du grand bac, il ne put donner aux bateliers que le pain qu'il avait pris sur la table du roi ; ce qui fit donner à ce bac le nom de Bac-du-Pain, nom qu'il conserva pendant long-temps. Lorsque Macduff se trouva dans sa province de Fife, qui est de l'autre côté du Tay, il courut plus vite que jamais pour gagner son château de Kennoway, qui, comme je vous l'ai dit, était tout contre la mer. Lorsqu'il y arriva, le roi et ses gardes étaient à peu de distance derrière lui. Macduff dit à sa femme de fermer les portes, de lever les ponts-levis, et de ne laisser entrer dans le château, sous aucun prétexte, ni le roi, ni les troupes qui l'accompagnaient. Pendant ce temps il se rendit au petit port qui dépendait du château, fit équiper en toute hâte un vaisseau qui s'y trouvait, et s'y embarqua sur-le-champ pour échapper à Macbeth.

Cependant le roi était arrivé aux portes du château, et il somma lady Macduff de les lui ouvrir, et de lui livrer son mari. Mais lady Macduff, qui était une femme de tête, inventa mille excuses pour gagner du temps, jusqu'à ce qu'elle sût que le Thane était en sûreté à bord de son vaisseau, et qu'il était sorti du port. Alors elle se présenta hardiment, et du haut des murailles parla au roi qui continuait à demander qu'on lui ouvrît, et qui faisait les menaces les plus terribles si Macduff n'était pas remis à l'instant entre ses mains.

— Voyez-vous, dit-elle, cette voile blanche qui s'éloigne rapidement? c'est celle du vaisseau qui porte Macduff en Angleterre; vous ne le reverrez que lorsqu'il reviendra avec le jeune prince Malcolm pour vous précipiter du trône, et vous mettre à mort. Vous ne menacerez plus alors le Thane de Fife de lui faire porter le joug.

Les uns disent que Macbeth fut si furieux de cette réponse hardie, qu'il attaqua le château, le prit, et fit périr la noble dame et tous ses serviteurs. Mais d'autres prétendent, et je crois avec plus de vraisemblance, que le roi, apprenant que Macduff s'était soustrait à sa vengeance, et voyant que le château de Kennoway était bien fortifié, retourna à Dunsinane, sans même essayer de s'en emparer. On voit encore aujourd'hui les ruines du château.

A cette époque il y avait en Angleterre un très-bon roi nommé Édouard-le-Confesseur. Je vous ai dit que le prince Malcolm, fils de Duncan, était allé à la cour d'Angleterre, pour demander qu'on l'aidât à monter sur le trône d'Écosse. L'arrivée de Macduff contribua beaucoup au succès de la demande du jeune prince ; car le roi savait que ce Macduff était un homme sage et un brave guerrier. Comme il assura Édouard que les Écossais étaient fatigués du règne du cruel Macbeth, et qu'ils se joindraient à Malcolm s'il paraissait en Écosse à la tête d'une armée, le roi donna ordre à un grand guerrier nommé Siward, comte de Northumberland, d'entrer en Écosse avec une armée, et d'aider le prince Malcolm à remonter sur le trône de son père.

Ce que Macduff avait prédit arriva. Les Thanes et les seigneurs écossais abandonnèrent Macbeth et se réunirent contre lui à Macduff et au prince Malcolm. Macbeth se renferma dans son château de Dunsinane, où il devait être en sûreté, d'après la prophétie des vieilles sorcières, jusqu'à ce que la forêt de Birnam marchât contre lui. Pour augmenter le courage de ses troupes, il les instruisit de cette prédiction, les exhorta à faire une vigoureuse résistance, et leur promit une victoire certaine. Malcolm et Macduff s'étaient alors avancés jusqu'à la forêt de Birnam, et ils y campèrent avec leur armée. Le lendemain, comme ils allaient traverser la vallée pour attaquer le château de Dunsinane, Macduff eut l'idée de faire porter des branches d'arbres par chacun de ses soldats, afin que Macbeth ne pût voir à combien d'ennemis il allait avoir affaire.

La sentinelle qui veillait sur les murs du château, voyant cette multitude de rameaux portés par les soldats de Malcolm, courut trouver le roi, et lui dit que la forêt de Birnam s'avançait vers le château de Dunsinane. Macbeth le traita d'imposteur et le menaça de le faire mettre à mort; mais lorsqu'il regarda lui-même du haut des murailles, et qu'il crut voir en effet la forêt tout entière s'approcher de Dunsinane, il reconnut que l'heure de sa mort était arrivée. Le découragement se mit aussitôt parmi ses soldats, qui, voyant que leur maître avait perdu toute espérance, commencèrent à s'enfuir du château.

Cependant Macbeth rappela son courage, et s'élança hors des murs à la tête du peu d'amis qui lui étaient restés fidèles. Il combattit corps à corps avec Macduff dans le plus fort de la mêlée, et fut tué après une résistance furieuse et désespérée. Le prince Malcolm monta sur le trône d'Écosse. Son règne fut long et prospère. Pour témoigner à Macduff sa reconnaissance, il voulut que ce fût toujours un de ses descendans qui conduisît l'avant-garde de l'armée écossaise dans les batailles, et qui posât la couronne sur la tête du roi à la cérémonie du couronnement. Malcolm donna aussi aux Thanes d'Écosse le titre de comtes (1), d'après la dénomination adoptée à la cour d'Angleterre (2).

(1) *Earl,* terme saxon. (*Eoryl,* dans la langue erse). Ce titre fut long-temps celui de la plus haute dignité anglaise, elle est aujourd'hui la troisième :

> *Thanes and kinsmen,*
> *Henceforth be earls, the first that ever Scotland*
> *For such an honour named.*
> SHAKSPEARE. *Macbeth.*

« Que nos thanes et nos parens soient désormais *comtes,* les premiers que l'Écosse ait encore nommés à cette dignité. » La petite couronne, *coronet,* distingue par sa forme les différens grades de la haute noblesse : la couronne d'un duc est ornée de feuilles de fraisier ; celle d'un marquis a des perles entre les feuilles ; celle d'un comte porte les perles au-dessus des feuilles ; celle d'un vicomte n'est entourée que de perles ; celle d'un baron a seulement quatre perles :

> « *All the rest are countesses*
> » *Their coronets say so.* »
> SHAKSPEARE. *Henry VIII.*

« Toutes les autres sont des comtesses, leurs couronnes l'indiquent. » — ÉD.

(2) Le règne de Duncan avait commencé en 1023 ; celui de Macbeth en 1030 ; et celui de Malcolm III, surnommé Canmore, en 1047. Les personnes familiarisées avec la lecture de Shakspeare peuvent reconnaître ici avec quelle fidélité l'Eschyle Anglais a suivi les traditions populaires sur Macbeth. Nous renvoyons aussi le lecteur à la *Notice historique* dont M. Guizot a fait précéder la traduction nouvelle de cette pièce. — ÉD.

CHAPITRE III.

DU SYSTÈME FÉODAL, ET DE LA CONQUÊTE DE L'ANGLETERRE PAR LES NORMANDS.

La conduite d'Édouard-le-Confesseur, roi d'Angletérre, dans l'histoire de Macbeth, fut noble et généreuse. Il avait envoyé en Écosse une nombreuse armée, sous la conduite de Siward, comte de Northumberland, pour détrôner le tyran Macbeth, et placer la couronne sur la tête de Malcolm, fils du roi Duncan; nous avons vu qu'avec le secours de Macduff, cette expédition eut un plein succès. Mais le roi Édouard n'eut pas même l'idée de profiter des troubles de l'invasion pour s'emparer de la moindre partie de l'Écosse. C'était un excellent prince, sans aucune ambition, qui ne

CONQUÊTE DES NORMANDS.

désirait jamais ce qui ne lui appartenait pas. Il eût été heureux pour l'Écosse et pour l'Angleterre d'avoir beaucoup de rois aussi modérés; cela eût prévenu bien des grandes querelles, de longues guerres et des luttes sanglantes.

Édouard-le-Confesseur ne laissa pas d'enfans pour lui succéder. Il fut remplacé par un roi nommé Harold, le dernier des rois saxons qui aient régné sur l'Angleterre.

Les Saxons, vous vous le rappelez, avaient soumis les Bretons. Ils se présenta de nouveaux ennemis pour les attaquer à leur tour. Ce furent les Normands, peuple qui habitait la France, mais qui n'était pas Français d'origine. Ils descendaient d'une colonie de ces pirates du nord dont nous avons déjà fait mention pour vous dire qu'ils pillaient toutes les côtes qui promettaient le moindre butin. On les appelait communément Hommes du Nord ou Normands. Un grand nombre d'entre eux débarquèrent dans le nord de la France, et forcèrent le roi de ce pays de leur abandonner la possession d'une grande province appelée Neustrie, qui prit le nom de Normandie quand elle devint la propriété de ces Hommes du Nord ou Normands. Cette province fut gouvernée par un chef normand qui était nommé duc, d'un mot latin qui signifie général.

Ce chef exerçait la même autorité qu'un roi dans l'intérieur de sa province; mais en considération de ce qu'il gouvernait un pays qui se trouvait sur le terri-

Tom. i. 4

toire de la France, il reconnut le roi de ce pays pour son souverain, et devint ce qu'on appelait son vassal.

Pour que vous puissiez comprendre l'histoire qui va suivre, il est nécessaire que je vous explique ce rapport du roi, comme souverain, avec ses princes et ses grands, comme vassaux.

Un grand roi ou un prince souverain donnait de grandes provinces ou des propriétés considérables à ses ducs, comtes et seigneurs, et chacun d'eux jouissait, dans l'enceinte de ses domaines, à peu près du même pouvoir que le roi dans le reste de ses états. Mais aussi le vassal, quel qu'il fût, soit duc, soit comte, soit tout autre, était obligé de venir, avec un certain nombre de soldats, au secours de son souverain, en temps de guerre, et en temps de paix il était tenu de paraître à sa cour aussitôt qu'il y était appelé, et de lui rendre hommage, c'est-à-dire de reconnaître qu'il était son maître et son souverain seigneur.

Les vassaux de la couronne, c'était le nom qu'on leur donnait, en faisaient autant de leur côté, et ils divisaient les grandes propriétés que le roi leur avait données, en petits domaines qu'ils conféraient aux chevaliers et aux gentilshommes qu'ils jugeaient propres à les suivre à la guerre, ou à former leur cour en temps de paix; car eux aussi tenaient des cours, et administraient la justice, chacun dans leur province.

Les chevaliers, à leur tour, répartissaient ces domaines

dans une classe inférieure de propriétaires, qui cultivaient la terre qui leur était confiée, soit eux-mêmes, soit par l'intermédiaire de laboureurs et de paysans, qui étaient traités en esclaves, et qui se vendaient et s'achetaient, comme des bêtes de somme, avec la ferme à laquelle ils étaient attachés.

Lorsqu'un grand roi, comme celui de France ou d'Angleterre, allait à la guerre, il sommait tous les vassaux de sa couronne de l'accompagner avec un nombre d'hommes proportionné à l'importance de son fief, comme on appelait le territoire qui avait été concédé à chacun d'eux. Le prince, duc, ou comte, afin d'obéir aux ordres du roi, appelait sous ses drapeaux les gentilshommes auxquels il avait donné des terres, et qui devaient amener aussi un certain nombre d'hommes armés. Les gentilshommes à leur tour convoquaient les franklins, nom sous lequel on désignait la classe des petits propriétaires et les paysans, et de cette manière toutes les forces du royaume se trouvaient réunies sur un seul point.

Le système de donner des terres à charge d'un service militaire, c'est-à-dire avec l'obligation de combattre pour son souverain quand il l'ordonnait, se nommait SYSTÈME FÉODAL. Il fut général en Europe pendant bien des siècles.

Mais plusieurs grands vassaux de la couronne, tels, par exemple, que le duc de Normandie, étant devenus extrêmement puissans, ils s'arrogèrent le droit de faire la paix et la guerre sans le consentement du roi de France, leur souverain. Les vassaux de ces grands ducs, ou princes, guerroyaient aussi souvent entre eux ; car la guerre était leur unique affaire, et les pauvres paysans qui cultivaient le sol étaient exposés à toutes sortes de mauvais traitemens, battus et pillés sans cesse par le parti qui prenait le dessus.

Les nobles et les gentilshommes combattaient à cheval, couverts d'une armure d'acier enrichie d'or et d'argent, et on les appelait chevaliers ou écuyers. Ils portaient de longues lances avec lesquelles ils couraient impétueusement les uns contre les autres, et des épées et des masses d'armes pour se battre corps à corps quand les lances étaient brisées.

Les guerriers d'un rang inférieur combattaient à pied, armés d'arcs, qui, suivant leur forme, étaient appelés arcs-longs ou arbalètes, et qui servaient à tuer les hommes de loin, au lieu des canons et des fusils, qui n'étaient pas encore inventés. Les pauvres paysans venaient sur le champ de bataille avec les armes qu'ils pouvaient se procurer, et elles étaient si insuffisantes, qu'il n'était pas rare de voir quelques chevaliers en charger et en mettre en fuite une centaine ; car les gentilshommes avaient des armures complètes, en sorte que les coups qui leur étaient portés ne pouvaient tout au plus leur faire que de légères blessures, tandis que les malheureux paysans, presque nus, étaient massacrés sans peine.

Vous pouvez voir encore, à la Tour de Londres et ailleurs, de ces anciennes armures, que l'on conserve comme des objets de curiosité.

Ce n'était pas un heureux temps que celui-là, où il n'y avait presque aucune loi, et où les forts prenaient aux faibles tout ce qui leur convenait; car presque tous les habitans du pays étaient obligés de servir comme soldats, et il en résultait naturellement qu'ils se trouvaient engagés dans des guerres continuelles.

Les grands vassaux de la couronne surtout étaient sans cesse en guerre les uns contre les autres, et quelquefois même contre leur souverain, quoique par là ils encourussent la confiscation des fiefs ou terres qui leur avaient été accordés. Mais ils choisissaient le moment où ils étaient à peu près certains que le roi ne serait pas assez fort pour les punir. En un mot, le droit cessait quand on n'avait plus la force pour l'appuyer; et c'est pour cela que les faibles et les pauvres cherchaient protection auprès des riches et des puissans, se reconnaissaient leurs vassaux et humbles sujets, et leur rendaient hommage pour qu'ils les prissent sous leur sauvegarde.

Les choses étaient dans cet état quand Guillaume, duc de Normandie, et chef des peuples guerriers dont les ancêtres avaient conquis cette province, crut, à la mort du bon roi Édouard-le-Confesseur, que l'occasion était favorable pour tenter de conquérir le riche royaume d'Angleterre. Il prétendait que le roi Édouard l'avait nommé son successeur ; mais son meilleur titre à cet héritage était une forte armée de ses braves Normands, auxquels s'étaient joints une foule de chevaliers et gentilshommes de pays éloignés, qui espéraient, en aidant Guillaume à faire la conquête qu'il méditait, obtenir de lui de bons fiefs en Angleterre, sous les conditions dont nous avons déjà parlé.

Le duc de Normandie débarqua dans le comté de Sussex, l'an 1066 après la naissance de Notre-Seigneur. Il avait, pour accomplir cette entreprise hardie, une armée d'élite forte de soixante mille hommes.

Harold, qui avait succédé à Édouard-le-Confesseur, venait à peine de repousser les Norwégiens qui étaient venus attaquer l'Angleterre, lorsqu'il eut à se défendre contre une nouvelle et plus formidable invasion.

Les deux armées se rencontrèrent près d'Hastings ; la bataille fut opiniâtre, et le succès long-temps balancé. Les Normands tiraient un grand avantage d'une troupe considérable d'arbalétriers dont les traits faisaient beaucoup de mal aux Anglais, qui n'avaient qu'un très-petit nombre d'archers à leur opposer.

La bataille durait depuis neuf heures du matin, et la victoire était encore incertaine, lorsqu'à la fin du jour une flèche traversa la tête du roi Harold, et il tomba mort sur la place. Les Anglais abandonnèrent alors le champ de bataille, et le duc Guillaume profita de son avantage avec tant de promptitude et d'habileté, qu'il se rendit maître de toute l'Angleterre, et régna sous le nom de Guillaume-le-Conquérant.

Il répartit plusieurs des riches domaines de l'Angleterre entre les seigneurs normands qui l'avaient suivi, les leur donnant à charge de service militaire, d'après les lois du système féodal dont je vous ai déjà parlé.

Les Anglo-Saxons, comme vous pensez bien, ne virent pas ces partages avec plaisir, et ils tentèrent à plusieurs reprises de se soulever contre le roi Guillaume, et de le renvoyer avec ses soldats en Normandie. Mais ils furent constamment défaits, et ces tentatives inutiles ne servirent qu'à irriter le roi, qui s'en vengeait par des mesures de rigueur, confisquant leurs biens, et les privant de leurs titres et de leurs emplois; de sorte qu'il n'y eut presque plus d'Anglo-Saxons qui possédassent encore de grandes propriétés ou quelque place considérable; mais ce furent les Normands qui, sous tous les rapports, devinrent les maîtres absolus.

Ainsi, les Saxons, qui avaient soumis les Bretons, comme vous l'avez vu plus haut, furent à leur tour soumis par les Normands, privés de leurs biens, et réduits à devenir les serviteurs de ces orgueilleux étrangers. De nos jours, plusieurs membres de l'ancienne noblesse d'Angleterre prétendent descendre des Saxons; mais il en est bien peu, si même il en reste, qui puissent prouver que le sang saxon coule encore dans leurs veines, tant Guillaume-le-Conquérant avait eu soin de dépouiller le peuple conquis de tout pouvoir et de toute importance.

Ce dut être un bien triste spectacle à cette époque que de voir les Normands chasser les Saxons de leurs biens et de leurs demeures, et les faire descendre du rang d'hommes libres à la condition d'esclaves. Cependant il finit par en résulter de grands avantages ; car ces Normands étaient non-seulement un des peuples les plus braves qui aient jamais existé, mais ils étaient plus avancés dans les arts que les Saxons. Ils enseignèrent à bâtir de beaux et vastes châteaux et de superbes églises, tandis que les Saxons n'avaient que de misérables maisons de bois. Ils introduisirent aussi l'usage de l'arc-long, qui devint bientôt si général, que les Anglais acquirent la réputation d'être les meilleurs archers du monde, et durent à cette supériorité le gain de plusieurs batailles.

Les Normands étaient en outre plus civilisés que les Saxons ; ils observaient entre eux les lois de la bienséance et de la politesse, que les Saxons ignoraient complètement.

Les barons normands étaient aussi de chauds partisans de la liberté nationale, et ils ne souffraient pas que leurs rois attentassent à leurs privilèges ; ils leur résistèrent toutes les fois que ceux-ci voulurent s'élever au-dessus du pouvoir que la loi leur donnait.

Les princes normands établirent des écoles en différens endroits, et ils encouragèrent les lettres.

De grandes villes furent fondées sur plusieurs points

du royaume, et les rois normands leur accordèrent des privilèges particuliers, afin de s'assurer le secours des habitans, au cas où ils viendraient à avoir quelques démêlés avec leur noblesse.

Ainsi la conquête des Normands, qui avait été un événement terrible et déplorable à l'époque où elle eut lieu, finit par rendre l'Angleterre plus civilisée et plus puissante qu'elle ne l'avait jamais été; et vous trouverez à chaque pas dans l'histoire, mon cher enfant, des exemples semblables qui vous prouveront que la divine Providence fait souvent résulter un grand bien de ce qui d'abord avait paru un mal sans compensation (1).

Ce chapitre pourra vous sembler avoir peu de rapport avec l'histoire d'Écosse; cependant la conquête des Normands eut des résultats qui se firent sentir jusqu'en ce pays. D'abord un nombre considérable de Saxons, pour se soustraire aux persécutions de Guillaume-le-Conquérant, se retirèrent en Écosse, ce qui contribua beaucoup à civiliser les provinces méridionales de cette contrée; car si les Saxons n'égalaient pas les Normands dans les arts et dans les lettres, ils étaient pourtant bien supérieurs aux Écossais. Mais bientôt après les Normands eux-mêmes vinrent s'établir en

(1) Une grande partie du roman épique d'*Ivanhoe* est destinée à nous faire connaître les conséquences du mélange forcé des deux races, saxonne et normande, sur la Grande-Bretagne. Le savant ouvrage de M. Thierry sur la conquête de l'Angleterre par les Normands mérite bien aussi une mention. — Ed.

Écosse. Le roi Guillaume n'avait pu satisfaire toutes les ambitions, et beaucoup de ses sujets mécontens, dans l'espoir de faire fortune, se rendirent à la cour d'Écosse, où le roi Malcolm, fils de Duncan, surnommé Cean-More, c'est-à-dire Forte-Tête, leur fit le meilleur accueil. Il voulut s'attacher ces étrangers, et à cet effet il leur concéda des terres considérables, aux conditions ordinaires de ces sortes de donations. Ce fut ainsi que le système féodal s'introduisit, et qu'il devint la loi générale du pays comme il était celle de toute l'Europe.

Or, il arriva que de cette loi féodale résulta une querelle des plus terribles entre l'Angleterre et l'Écosse; et quoique maître Littlejohn ne soit pas encore un profond légiste, il est nécessaire qu'il fasse tous ses efforts pour chercher à en comprendre la cause, car c'est un point très-important dans l'histoire.

Pendant que les Anglais se battaient d'abord entre eux, et ensuite contre les Normands, les rois d'Écosse avaient agrandi leur territoire aux dépens de leurs voisins, et ils s'étaient emparés en grande partie des provinces du nord de l'Angleterre, appelées Northumberland, Cumberland et Westmoreland.

Après bien des querelles et des batailles, il fut convenu que le roi d'Écosse conserverait les provinces, non comme souverain indépendant, mais comme vassal du roi d'Angleterre; qu'à ce titre il lui rendrait hommage, et le suivrait à la guerre quand il en serait requis. Mais cet hommage et ce service militaire n'étaient pas dus pour le royaume d'Écosse, qui jamais, depuis le commencement du monde, n'avait été sous la domination du roi d'Angleterre, mais qui était et avait toujours été un état libre, indépendant, ayant ses souverains et ses chefs tirés de son propre sein.

Il paraîtra peut-être étrange à maître Littlejohn qu'un roi d'Écosse fût vassal pour cette partie de ses possessions qui étaient sur le territoire anglais, et qu'il restât prince indépendant quand il était regardé comme roi d'Écosse; mais cela pouvait arriver aisément d'après les lois du système féodal.

Guillaume-le-Conquérant se trouvait lui-même dans une position semblable, car il tenait son grand-duché de Normandie et ses autres possessions en France comme vassal du roi de France, qui les avait donnés à titre de fief à un de ses ancêtres nommé Rollon; mais il était en même temps souverain indépendant de l'Angleterre, qu'il avait conquise par la victoire d'Hastings.

Cependant les rois d'Angleterre cherchaient de temps en temps à insinuer que l'hommage rendu par les monarques d'Écosse l'était, non-seulement pour les provinces qu'ils possédaient alors en Angleterre, mais aussi pour le royaume d'Écosse.

Les rois d'Écosse, au contraire, tout en rendant l'hommage et le service qu'ils devaient pour leurs possessions en Angleterre, refusèrent constamment, et de la manière la plus positive, de laisser dire ou croire qu'ils fussent soumis à aucune sorte d'hommage, à titre de rois d'Écosse.

Telle fut la cause des querelles sanglantes que se firent les deux peuples, guerres dans lesquelles les Écossais défendirent bravement leur indépendance nationale, et, quoique souvent défaits, remportèrent aussi plusieurs victoires, et menacèrent plus d'une fois d'étendre leur territoire aux dépens de leurs voisins. Guillaume, roi d'Écosse, surnommé le Lion parce qu'il portait un lion peint sur son bouclier, ayant été fait prisonnier dans une bataille près de Newcastle, en 1174, se vit contraint, pour recouvrer la liberté, de renoncer à son titre de souverain indépendant, et de se reconnaître vassal pour le royaume d'Écosse. Mais Richard Ier, roi d'Angleterre, renonça quinze ans après à ce droit, comme ayant été arraché injustement à Guillaume pendant sa captivité, et il n'exigea plus que l'hommage que le roi d'Écosse lui devait pour ses possessions sur le territoire de l'Angleterre.

Cette conduite généreuse de Richard produisit de si heureux résultats, qu'elle mit presque fin aux querelles de l'Écosse et de l'Angleterre pour plus de cent ans, pendant lesquels, si l'on excepte une ou deux courtes interruptions, l'harmonie la plus parfaite régna entre les deux nations.

Cette paix fut un grand bonheur pour l'une et pour l'autre, et elle aurait pu amener avec le temps leur fusion en un seul peuple, ce qui paraissait être dans les vues de la nature, qui les avait placées dans la même ile.

En effet, les communications commerciales devinrent plus fréquentes; plusieurs familles d'Écosse et d'Angleterre formèrent des alliances entre elles et des liaisons d'amitié; plusieurs grands seigneurs et barons avaient des terres dans les deux pays; tout enfin semblait promettre une longue paix et une tranquillité durable, lorsqu'une suite d'événemens malheureux ayant presque entièrement éteint la famille royale écossaise, le roi d'Angleterre fit revivre d'injustes prétentions à la couronne d'Écosse, ce qui donna naissance à des guerres plus cruelles et plus sanglantes qu'aucune de celles qui avaient eu lieu jusqu'alors entre les deux nations.

CHAPITRE IV.

MORT D'ALEXANDRE, ROI D'ÉCOSSE. — USURPATION D'ÉDOUARD Ier.

Sept rois avaient régné en Écosse depuis Malcolm-Cean-More, fils de Duncan, le même qui reprit à Macbeth la couronne que celui-ci avait usurpée. Leurs règnes occupèrent une période de près de deux cents ans. Plusieurs de ces rois montrèrent de grands talens, et tous furent de bons princes, animés des meilleures intentions, et disposés à remplir leurs devoirs envers leurs sujets. Ils firent de sages lois, et, eu égard à la barbarie et à l'ignorance des temps où ils vécurent, ils semblent avoir gouverné d'une manière aussi digne d'éloges qu'aucun des rois qui régnaient en Europe à la même époque. Alexandre III, le dernier de ces sept rois, fut un excellent prince ; il repoussa une grande invasion des Norwégiens et des Danois, et les battit à Largs, au moment où ils descendaient de leurs vaisseaux. Il ajouta aussi à ses possessions les îles Hébrides, situées à l'est de l'Écosse, et qui jusqu'alors n'avaient pas appartenu à ce royaume. Il sut se maintenir en bonne intelligence avec l'Angleterre, sans consentir cependant à céder aucun de ses droits. En un mot, ce fut un brave et excellent roi. Alexandre III épousa Marguerite, fille de Henri III, roi d'Angleterre ; mais malheureusement tous les enfans qui naquirent de ce mariage moururent avant leur père. Après la mort de la reine, Alexandre contracta une nouvelle alliance ; mais il ne vécut pas assez long-temps pour voir sa race se perpétuer. Un soir qu'il passait à cheval sur la côte de la mer, dans le comté de Fife, entre Burntisland et Kinyhorn, il s'approcha trop du bord d'un précipice, et son cheval ayant fait un écart, le malheureux prince tomba du haut du rocher et fut tué sur la place. Il n'y a pas moins de cinq cent quarante-deux ans qu'Alexandre est mort, et cependant les habitans du pays montrent encore le lieu où ce malheur arriva, et qui se nomme *le Rocher du Roi*. Les tristes conséquences qui résultèrent de la mort d'Alexandre furent cause qu'on se rappela long-temps encore comment elle avait eu lieu. On conserve également une espèce d'élégie dans laquelle il est fait mention de ses vertus et des malheurs qui suivirent sa mort. C'est le plus ancien monument qui nous reste de la langue écossaise ; je suis obligé de l'altérer un peu :

> Quand notre bon prince, Alexandre
> Le *Bien-Aimé*, ne fut que cendre,
> Adieu, trésors d'ale et de pain,
> De gibier, de cire et de vin.
> Priez Dieu, car il n'est que lui
> Qui peut nous sauver aujourd'hui.

Une autre légende dit qu'un sage, nommé Thomas-le-Rimeur, sur le compte duquel on raconte beaucoup d'histoires (1), avait dit à un grand seigneur écossais, nommé le comte de March, que le 26 mars serait le jour le plus orageux qu'on eût jamais vu en Écosse. Ce jour arriva, et il fut au contraire d'une sérénité remarquable. Chacun se moquait de la prophétie de Thomas, lorsqu'un exprès apporta la nouvelle de la mort du roi. — Voilà, dit Thomas, voilà l'orage dont je voulais parler, et jamais la plus affreuse tempête n'aura fait autant de mal à l'Écosse. Il est très-possible que cette histoire soit entièrement fausse; mais la foi que le peuple y ajouta sert à prouver que la mort d'Alexandre III fut regardée comme l'événement le plus funeste et le plus désastreux qui pût arriver. Toutes les conséquences de ce malheur ne furent pas visibles au premier instant; bien que tous les enfans d'Alexandre fussent morts avant lui, cependant une de ses filles, qui avait épousé Eric, roi de Norwège, avait laissé une enfant nommée Marguerite; à laquelle, en sa qualité de petite-fille et de plus proche héritière du feu roi, la couronne d'Écosse fut dévolue. Cette jeune princesse, appelée par

---

(1) Voyez les introductions au poëme-ballade, intitulé *Thomas-le-Rimeur*, et *sir Tristrem*. — Éd.

nos historiens *la Vierge de Norwège*, était à la cour de son père.

Pendant que la couronne d'Écosse devenait le partage d'une jeune fille, le roi d'Angleterre cherchait les moyens de s'emparer de ce royaume pour le réunir au sien. Ce roi était Edouard Ier, ainsi nommé parce qu'il fut le premier de ce nom de la race normande. C'était un brave guerrier, qui ne manquait ni de sagesse, ni de prudence, mais qui malheureusement était ambitieux et cherchait à augmenter sa puissance sans être très-scrupuleux sur le choix des moyens pour y parvenir. Et, quoique ce soit un grand péché de convoiter ce qui ne nous appartient pas, et un plus grand encore de chercher à nous l'approprier par des voies injustes, cependant le désir qu'Édouard avait d'ajouter la couronne d'Écosse à celle d'Angleterre était si vif, qu'il lui fut impossible d'y résister.

Le moyen qu'il employa d'abord pour y parvenir n'avait rien que de légitime. Il proposa un mariage entre la Vierge de Norwège et son fils aîné, qui, comme lui, s'appelait Édouard. Des négociations furent entamées à cet effet, et si ce mariage se fût accompli et que des enfans en fussent nés, l'union de l'Angleterre et de l'Écosse aurait pu avoir lieu plus de trois cents ans plus tôt; et cela eût épargné sans doute bien des flots de sang et bien des trésors. Mais ce n'était pas la volonté du ciel que cet événement s'accomplît avant que de longues et cruelles guerres eussent déchiré les deux nations. La Vierge de Norwège tomba malade et mourut, et les négociations se trouvèrent ainsi rompues.

Il y eut alors de grands troubles en Écosse. Le peuple était au désespoir de la mort de la jeune princesse. Il ne restait pas un seul descendant d'Alexandre III, qui pût être regardé comme son héritier direct et incontestable, et plusieurs grands seigneurs qui étaient alliés à la famille royale se préparèrent à faire valoir leurs prétentions à la couronne. Ils se mirent donc à rassembler leurs forces et à se former un parti, et ils menacèrent le pays d'une guerre civile, qui est le plus grand de tous les malheurs. Les prétendans à la couronne n'étaient pas moins de dix, tous fondant leurs prétentions sur une parenté plus ou moins éloignée avec la famille royale. La plupart étaient puissans et avaient un parti nombreux ; et si la question de droit venait à être discutée l'épée à la main, il était évident que le pays tout entier serait en guerre depuis une mer jusqu'à l'autre.

Pour prévenir ce malheur, on dit que la noblesse écossaise résolut de choisir pour arbitre Édouard Ier, roi d'Angleterre, qui avait la réputation d'être un des princes les plus sages de son temps, et de le prier de prononcer lequel des prétendans à la couronne d'Écosse devait être préféré aux autres. Les Écossais envoyèrent donc des ambassadeurs à Édouard, pour réclamer son intervention comme juge de cette grande querelle; mais Édouard avait résolu de la terminer, non pas en qualité de simple arbitre qui n'a d'autre autorité que celle qui lui est dévolue, mais comme partie intéressée. Et, pour y parvenir, il se décida à faire revivre l'ancienne prétention des rois d'Angleterre à la souveraineté du royaume d'Écosse, prétention à laquelle son prédécesseur Richard Ier avait si généreusement renoncé.

Dans ce dessein, Édouard convoqua la noblesse et le clergé écossais dans le château de Norham (1), grande forteresse située sur la rive méridionale de la Tweed, à l'endroit où cette rivière sépare l'Angleterre de l'Écosse. Cette assemblée eut lieu le 9 juin 1291, et le roi d'Angleterre y parut entouré de tous les officiers de sa couronne. C'était un très-bel homme, et il était si grand, que le peuple l'avait surnommé *Longshanks*, c'est-à-dire *Longues-jambes*. Le grand-justicier d'Angleterre annonça alors à la noblesse et au clergé écossais, au nom d'Édouard Ier, qu'avant que celui-ci pût donner un roi vassal à l'Écosse, il fallait qu'ils reconnussent ses droits comme seigneur suzerain de ce royaume.

Les nobles et le clergé écossais furent extrêmement surpris d'entendre Édouard faire revivre une prétention qui n'avait jamais été admise, excepté pendant un court espace de temps pour procurer la liberté au roi Guillaume-le-Lion, et à laquelle Richard Ier avait renoncé pour jamais. Ils refusèrent de donner une réponse avant d'avoir pu se consulter entre eux : — Par saint Édouard, dont je porte la couronne! s'écria le roi, je soutiendrai mes justes droits; oui, dussé-je périr en le tentant. A ces mots, il congédia l'assemblée en lais

---

(1) Voyez sur Norham le premier chant de *Marmion* et les notes. — Éd.

sant aux Écossais trois semaines pour faire leurs réflexions.

Les seigneurs écossais ayant appris de cette manière les desseins ambitieux d'Édouard, auraient dû rassembler leurs forces, et déclarer qu'ils défendraient les droits et l'indépendance de leur pays. Mais ils étaient divisés entre eux et n'avaient point de chef, et les prétendans à la couronne furent assez vils pour rechercher la faveur du roi d'Angleterre, dans l'espérance qu'il éleverait au trône celui d'entre eux qu'il trouverait le plus disposé à reconnaitre ses prétentions à la suzeraineté d'Écosse.

La seconde assemblée eut donc lieu sans qu'il se trouvât personne qui osât faire une seule objection à la demande du roi d'Angleterre, quoiqu'elle fût trouvée souverainement injuste. On s'était réuni dans un lieu vaste et découvert nommé Upsettlington, en face du château de Norham, mais de l'autre côté de la Tweed, et par conséquent sur le territoire écossais. Le chancelier d'Angleterre, s'adressant alors à ceux des candidats qui étaient présens, leur demanda s'ils reconnaissaient le roi d'Angleterre pour seigneur suzerain de l'Écosse, et s'ils consentaient à tenir la couronne de lui en cette qualité. Tous répondirent affirmativement ; et ainsi, plutôt que de compromettre leurs droits en résistant à Édouard, ces indignes prétendans consentirent à sacrifier l'indépendance de leur pays, cette indépendance qui avait été si long-temps et si courageusement défendue.

Quand on eut examiné les titres des candidats à la couronne d'Écosse, ceux dont les droits parurent le mieux fondés furent Robert Bruce, lord ou seigneur d'Annandale et John Baliol, lord de Galloway. Tous deux étaient de hauts et puissans barons, tous deux étaient Normands d'origine, avaient de grandes possessions en Angleterre et en Écosse, et enfin descendaient également de la famille royale d'Écosse par une fille de David, comte d'Huntingdon.

Édouard décida la question en faveur de Baliol, qu'il nomma roi d'Écosse, à charge de le reconnaître pour seigneur suzerain.

John Baliol termina cette scène déplorable en rendant hommage au roi d'Angleterre, et en se reconnaissant son vassal et son sujet. Bientôt après cette transaction remarquable, et humiliante pour l'Écosse, Édouard fit voir à Baliol qu'il ne se contenterait pas d'une simple reconnaissance de ses droits à la suzeraineté du royaume, mais qu'il était déterminé à les exercer dans toute leur étendue, chaque fois que l'occasion s'en présenterait.

Son projet était sans aucun doute de pousser Baliol à quelque acte de résistance, qui lui donnât un prétexte pour lui ôter son royaume comme à un sujet rebelle, et pour en prendre le gouvernement sous le titre usurpé de seigneur suzerain. Il encouragea donc les Écossais à en appeler en Angleterre des jugemens prononcés par les cours de justice de Baliol, et comme ce prince refusa de comparaître aux cours d'Angleterre, pour justifier de ses actions comme roi d'Écosse, Édouard demanda pour garantie que trois des principales forteresses de l'Écosse, Berwich, Roxburgh et Jedburg, lui fussent remises. Baliol feignit de consentir à cet arrangement; mais ne pouvant plus douter que l'intention du roi ne fût de le dépouiller insensiblement de tout son pouvoir, et accablé à la fois de honte et d'inquiétudes, il fit une ligue avec la France, leva une nombreuse armée, et, se révoltant contre celui qu'il avait reconnu récemment pour son seigneur suzerain, il envahit le territoire de l'Angleterre. En même temps il écrivit à Édouard qu'il cessait de se considérer comme son vassal. A la lecture de cette lettre, le roi s'écria en français-normand : — Ah! cet idiot ose-t-il bien faire une semblable folie! Hé bien, puisqu'il refuse de nous suivre, comme c'est son devoir, ce sera nous qui irons le trouver. En effet, il assembla une nombreuse armée à laquelle se joignit Bruce, qui avait disputé à Baliol la couronne d'Écosse, et qui espérait alors que, si ce prince en était dépouillé par suite de sa rébellion, ce serait à lui qu'elle reviendrait. Édouard défit les Écossais dans un grand combat près de Dunbar, et Baliol, qui paraît avoir été un homme sans énergie, abandonna toute résistance. Il vint trouver Édouard dans le château de Roxburg, et là il ne rougit pas de faire les actes de soumission les plus humilians. Il parut dans le plus humble costume, sans manteau royal, sans armes d'aucune espèce, et tenant à la main une baguette blanche. Là il confessa que, poussé par de mauvais conseils et par un esprit de vertige, il s'était révolté contre son seigneur et maître, et qu'en expiation il cédait tous ses droits sur le royaume d'Écosse et sur tous ses habitans à leur seigneur et maître le roi d'Angleterre. Il lui fut alors permis de se retirer sans qu'il lui fût fait aucun mal.

Baliol se trouvant ainsi dépossédé, Bruce exprima l'espoir d'obtenir la couronne en se reconnaissant tributaire d'Édouard. Mais ce prince lui répondit sévèrement : — Pensez-vous que nous n'ayons rien à faire qu'à vous conquérir des royaumes? Lui faisant entendre clairement par ce langage qu'il comptait garder l'Écosse pour lui-même ; et en effet, les mesures qu'il s'empressa de prendre rendirent ses projets encore plus évidens.

Édouard traversa l'Écosse à la tête d'une armée nombreuse, et forçant les Écossais de tous les rangs à se soumettre à son autorité. Il transporta à Londres les archives du royaume. Il alla même jusqu'à faire enlever une grande pierre sur laquelle c'était une coutume nationale de placer les rois d'Écosse le jour de leur couronnement; et, malgré la difficulté d'une semblable translation, il ordonna qu'elle fût déposée dans l'église de l'abbaye de Westminster. Il voulait prouver par là qu'il était maître absolu de l'Écosse, et qu'à l'avenir ce pays n'aurait pas d'autre roi que lui et ses descendans. Cette pierre a été religieusement conservée, et c'est encore aujourd'hui sur elle que le trône du roi est placé le jour de son couronnement. Enfin Édouard confia le gouvernement de l'Écosse à un brave seigneur nommé le comte de Surrey; à Hughes Cressingham, ecclésiastique qu'il nomma grand-trésorier, et à William Ormesby, qu'il institua grand-juge du royaume. Il mit des garnisons anglaises dans tous les châteaux et toutes les places fortes de l'Écosse, d'un bout du royaume à l'autre, et ne se fiant pas aux Écossais, il nomma des gouverneurs anglais dans presque toutes les provinces.

Vous saurez, mon cher enfant, que peu de temps avant qu'il soumît l'Écosse, Édouard avait conquis le pays de Galles, cette partie montagneuse de l'Angleterre où les Bretons avaient cherché un refuge contre les Saxons, et où, jusqu'au règne de ce prince adroit et ambitieux, ils avaient réussi à conserver leur indépendance. En soumettant cette province, Édouard se conduisit avec tout autant de perfidie et bien plus de cruauté encore qu'en Écosse, puisque ayant fait prisonnier le dernier prince de Galles, il le fit pendre sans qu'il eût commis d'autre crime que de défendre son pays contre les Anglais, qui n'y avaient aucun droit. Peut-être Édouard pensa-t-il en lui-même qu'en réunissant toute l'île de la Grande-Bretagne sous un seul roi et sous un seul gouvernement, il détruirait pour jamais tout principe de guerre, et que ce motif pouvait servir d'excuse aux moyens violens et frauduleux qu'il avait employés pour y réussir. Mais, mon enfant, il suffit qu'une mesure soit inique, pour que Dieu ne la bénisse pas, quand même elle aurait pour objet de produire un plus grand avantage. Il n'est jamais permis de faire le mal, même pour opérer le bien; et l'usurpation injuste et violente d'Édouard, bien loin de hâter l'heureux moment où l'Angleterre et l'Écosse seraient réunies sous un seul gouvernement, ne fit qu'accroître la haine nationale qui les divisait, et reculer à une distance presque incalculable le rapprochement de deux peuples que la nature semblait avoir destinés à n'en faire qu'un.

CHAPITRE V.

HISTOIRE DE SIR WILLIAM WALLACE.

Je vous ai dit, mon cher Hugh, qu'Édouard Ier avait presque réduit l'Écosse à la condition d'un pays conquis, bien qu'il l'eût soumise moins par sa bravoure que par son adresse à profiter des troubles et des divisions qui suivirent la mort d'Alexandre III.

Cependant les Anglais avaient en leur pouvoir le pays tout entier, et le gouvernaient avec une extrême rigueur. Le grand-juge Ormesby faisait comparaître à son tribunal tous ceux qui refusaient de prêter serment de fidélité au roi d'Angleterre. Un grand nombre d'Écossais ne voulurent pas se soumettre à cette formalité, soutenant que roi d'Angleterre n'avait pas le droit de l'exiger. Ils furent cités en justice, condamnés à de fortes amendes, privés de leurs biens, ou frappés de quelque autre punition sévère. De son côté, Hughes Cressingham, le trésorier anglais, persécutait le peuple en lui extorquant à chaque instant de l'argent sous quelque nouveau prétexte. Les Écossais avaient toujours été pauvres, et leurs rois, qui les traitaient avec bonté, en exigeaient rarement des impôts. Ce fut donc avec indignation qu'ils se virent forcés de donner au trésorier anglais bien plus d'argent que leurs souverains ne leur en avaient jamais demandé, et leur mécontentement fut porté au comble.

Ces persécutions n'étaient point les seules auxquelles ils fussent exposés. Les soldats anglais qui, comme je vous l'ai dit, avaient été mis en garnison dans les places fortes traitaient les Écossais avec le plus profond mépris, s'emparaient de vive force de tout ce qui leur convenait ; et si les propriétaires essayaient de leur résister, ils les maltraitaient, les blessaient, les tuaient même quelquefois. Ces actes de violence, n'étant ni punis ni réprimés par les officiers anglais, se renouvelaient à chaque instant. L'Écosse était donc plongée dans la plus grande détresse, et les habitans, au comble de l'exaspération, n'attendaient qu'un chef pour se lever en masse contre les Anglais, ou les Hommes du Sud, comme ils les appelaient, et pour rétablir la liberté de leur pays qu'Édouard Ier avait si complètement détruite.

Ce chef se présenta dans la personne de William Wallace, dont le nom est encore si souvent prononcé en Écosse. C'est grand dommage que nous ne connaissions pas exactement l'histoire d'un si brave guerrier; mais à l'époque où il vivait, chacun était si occupé à se battre, que personne ne songeait à écrire ce qui se passait; et plus tard, lorsqu'on voulut le faire, la vérité se trouva mêlée de beaucoup d'erreurs. Ce que je vous dirai de lui est regardé généralement comme authentique.

William Wallace n'était pas de la haute noblesse d'Écosse; c'était le fils d'un simple gentilhomme, nommé Wallace d'Ellerslie, dans la province de Renfrew près de Paisley. Il était grand et bien fait, et de grandes boucles de cheveux blonds ajoutaient encore aux graces de sa figure. C'était l'un des guerriers les plus forts et les plus braves qu'on ait jamais vus, et personne ne maniait plus adroitement que lui toutes les armes qui étaient alors en usage.

Comme tous les Écossais d'une ame élevée, Wallace était transporté d'indignation à la vue des persécutions qu'on faisait endurer aux Écossais, et de l'insolence de leurs oppresseurs. On raconte qu'étant extrêmement jeune encore, il était allé pêcher dans la rivière d'Irvine près d'Ayr; il avait pris une assez grande quantité de truites, qu'un enfant, dont il s'était fait accompagner, rapportait dans un de ces paniers à l'usage des pêcheurs. Deux ou trois soldats anglais, de la garnison d'Ayr, s'approchèrent de lui, et, avec leur insolence ordinaire, ils voulurent prendre les poissons. Wallace consentit à leur en donner une partie, mais il refusa de leur abandonner le panier tout entier ; les soldats insistèrent, et des paroles ils en vinrent aux coups. Wallace n'avait pour toute arme que le bout de sa ligne ; mais il en donna un coup si terrible sur l'oreille de celui de ses agresseurs qui était le plus près de lui, qu'il l'étendit mort à ses pieds ; puis, s'emparant de son épée, il s'en servit avec tant d'adresse et d'impétuosité, qu'il mit les autres en fuite, et revint chez lui avec le produit de sa pêche, qu'il avait si vaillamment défendu. Le gouverneur d'Ayr, qui était un Anglais, le fit chercher pour punir de mort son audace ; mais Wallace se tint caché dans les bois et les montagnes, jusqu'à ce que cette affaire fût oubliée. Il reparut alors dans une autre partie de la contrée. On raconte qu'il eut plusieurs aventures de ce genre dans lesquelles il se défendit bravement, tantôt seul, tantôt à la tête de quelques compagnons, contre les attaques des Anglais, les repoussant toujours quoiqu'ils fussent plus nombreux ; de sorte que son nom fut bientôt fameux, et devint un objet de terreur pour les oppresseurs de l'Écosse.

Mais l'événement qui le détermina à secouer ouvertement le joug et à prendre les armes arriva dit-on, à Lanark. Wallace avait épousé une dame de cette ville, et il y demeurait avec elle. Un jour qu'il traversait la place du marché, vêtu d'un habit vert et portant à son côté un riche poignard, un Anglais l'aborda, et se permit de lui reprocher la recherche de sa mise, disant qu'un Écossais n'avait pas besoin de porter des vêtemens et des armes de cette richesse. Il s'ensuivit une querelle, et Wallace, ayant tué son insolent agresseur, se réfugia dans sa maison, qui fut assaillie à l'instant par tous les soldats anglais. Pendant qu'ils s'efforçaient d'y pénétrer par-devant, Wallace s'échappa par une porte de derrière, et gagna un glen (1) sauvage et rocailleux, appelé Cartland-Grags, et situé près de Lanark (2). Ce glen était hérissé de rochers et de précipices, et tout couvert d'arbres et de broussailles; Wallace savait qu'il y serait à l'abri des poursuites des soldats anglais. Pendant ce temps, Hazelrigg, gouverneur de Lanark, mit le feu à la maison de Wallace, et massacra sa femme et ses domestiques. Cet horrible attentat porta au dernier degré, comme vous pouvez le croire, la haine que Wallace avait toujours nourrie contre les Anglais. Hazelrigg le déclara aussi hors la loi (3), et promit une récompense à celui qui le lui ramènerait mort ou vif.

Wallace eut bientôt rassemblé une troupe d'hommes mis comme lui hors la loi, et qui aimaient mieux se voir proscrits que de supporter plus long-temps le joug des Anglais. Une de ses premières expéditions fut dirigée contre Hazelrigg, dont la mort vengea celle de

(1) *Glen*, vallée longue resserrée entre des rochers. Voyez les notes de *Waverley*. — Éd.

(2) Voyez les dernières livraisons des *Vues pittoresques d'Écosse*. Éd.

(3) Outlaw, *proscrit*. Nous avons eu l'occasion d'expliquer déjà dans plusieurs notes ce terme local, qui a plus d'un rapport avec le *banditto* des Italiens. — Éd.

sa femme. Il avait de fréquentes escarmouches avec les soldats qui étaient envoyés contre lui, et presque toujours il en sortit vainqueur. Enfin, son nom devint si célèbre et si redoutable, que chaque jour le nombre de ses partisans augmentait, et qu'il se vit bientôt à la tête d'une armée, avec laquelle il résolut de rendre son pays à l'indépendance.

Ce fut vers cette époque qu'arriva, dit-on, l'événement mémorable connu en Écosse sous le nom des *Granges d'Ayr* (*Barns of Ayr*). Le gouverneur anglais de cette ville avait invité presque toute la noblesse des provinces de l'ouest à se rendre auprès de lui, pour se concerter ensemble sur les affaires de la nation. Le lieu du rendez-vous était de vastes bâtimens appelés les Granges d'Ayr. Mais le gouverneur anglais avait formé le perfide projet de mettre à mort tous les gentilshommes écossais. On avait suspendu des cordes avec des nœuds coulans aux poutres du toit; les soldats anglais les tenaient toutes prêtes, et à mesure que leurs victimes étaient introduites deux à deux, ils leur jetaient le nœud coulant autour du cou, et les malheureux étaient à l'instant même pendus ou étranglés sans miséricorde. Parmi ceux qui périrent dans cette lâche et infame boucherie était, dit-on, sir Ranald Crawford, sheriff du comté d'Ayr, et oncle de William Wallace.

Lorsque celui-ci apprit ce qui était arrivé, sa fureur ne connut plus de bornes, et, rassemblant ses troupes dans un bois voisin de la ville, il résolut de tirer vengeance des auteurs de cette atrocité. Pendant ce temps, les Anglais faisaient grande chère, et lorsqu'ils avaient bien bu et bien mangé, ils se retiraient pour dormir dans les mêmes granges où ils avaient fait périr tant de nobles écossais. Wallace ayant appris que les Anglais sans défiance, ne soupçonant pas des ennemis si près d'eux, n'avaient pas même de sentinelles, chargea une femme qui connaissait les lieux de marquer avec de la craie les portes des maisons où se trouvaient les Anglais. Alors il envoya un détachement de ses gens, qui, avec de fortes cordes, attachèrent les portes en dehors de manière que ceux qui était en dedans ne pussent les ouvrir. Les Écossais placèrent tout autour de grosses bottes de paille, y mirent le feu, et les granges, qui étaient en bois, furent bientôt enflammées. Les Anglais s'éveillèrent en sursaut et voulurent se précipiter dehors pour sauver leur vie; mais les portes étaient barricadées, et en outre les maisons incendiées étaient entourées par les Écossais repoussant dans le feu les malheureux qui parvenaient à s'échapper, ou les massacrant sur la place. Il en périt ainsi un grand nombre. Plusieurs Anglais étaient logés dans un couvent, mais ils n'eurent pas un sort plus heureux que les autres. Le prieur du couvent fit prendre les armes à tous ses moines, tomba sur ses hôtes à l'improviste, et les passa presque tous au fil de l'épée. Ce trait fut appelé la Bénédiction du prieur d'Ayr. Nous ne pourrions répondre de l'exactitude de cette histoire; mais il est probable que le fond en est vrai; car il n'est personne qui n'y ajoute foi dans le pays.

Le parti de Wallace devenait de jour en jour plus

considérable. Plusieurs nobles écossais se joignirent à lui, entre autres sir William Douglas, lord de Douglasdale, et chef d'une grande famille dont il est souvent question dans l'histoire d'Écosse, et sir John Grahame, qui devint l'ami et le confident le plus intime de Wallace. Cependant plusieurs de ces grands seigneurs abandonnèrent la cause nationale à l'approche du gouverneur anglais, le comte de Surrey, qui s'avançait à la tête d'une armée nombreuse et bien disciplinée. Ils crurent que Wallace ne pourrait jamais résister à des forces si considérables, et ils se hâtèrent de se soumettre, de peur de perdre leurs possessions. Mais le courage de Wallace n'en fut pas ébranlé, et il se trouva encore à la tête d'une nombreuse armée. Il avait établi son camp sur la rive septentrionale du Forth, près de la ville de Stirling. La rivière y était traversée par un long pont de bois, un mille environ au-dessus de l'endroit où a été construit celui qui existe aujourd'hui.

Le général anglais s'approcha des bords de la rivière du côté du sud. Il envoya deux ecclésiastiques offrir grace à Wallace et à ses soldats, à condition qu'ils mettraient bas les armes. Mais ce n'était pas l'intention du courageux champion de l'Écosse.

— Retournez auprès du comte de Surrey, leur répondit-il; dites-lui que nous ne faisons aucun cas du pardon du roi d'Angleterre; nous ne sommes pas ici pour traiter de la paix, mais pour nous battre, et pour rendre notre pays à la liberté! Que les Anglais s'approchent, nous les défions; nous les braverons jusqu'à leur barbe.

Lorsque les Anglais apprirent cette fière réponse, ils demandèrent à grands cris qu'on les menât au combat. Le comte de Surrey hésitait; car c'était un général habile, et il voyait que, pour approcher de l'armée écossaise, il fallait traverser un pont long et étroit, en sorte que les troupes qui passeraient les premières pourraient être attaquées par les forces réunies de Wallace avant que celles qui seraient derrière fussent à portée de les secourir. Il penchait donc pour différer la bataille; mais Cressingham, le trésorier, qui était rempli d'ignorance et de présomption, prétendit qu'il était du devoir du général de combattre et de terminer la guerre d'un seul coup : et Surrey se rendit à son opinion, quoique Cressingham, en sa qualité de prêtre, ne pût être un aussi bon juge de ce qu'il convenait de faire, qu'un officier plein d'expérience comme lui.

L'armée anglaise commença à traverser le pont, Cressingham conduisant l'avant-garde; car dans ces temps de guerres continuelles, les prêtres eux-mêmes portaient l'armure et marchaient au combat. Ce que Surrey avait craint arriva. Wallace laissa passer sans obstacle une partie de l'armée anglaise; mais lorsque la moitié à peu près fut arrivée sur l'autre bord, et que le pont fut encombré par ceux qui suivaient, il attaqua les Anglais à la tête de toutes ses troupes, en tua un grand nombre, et repoussa le reste dans la rivière, où ils se noyèrent presque tous. Ceux qui étaient restés sur la rive opposée s'enfuirent en désordre, après avoir mis le feu au pont de bois, pour que leurs ennemis ne pussent les poursuivre. Cressingham fut tué au commencement de

SIR WILLIAM WALLACE.

l'action ; et telle était la haine qu'il inspirait aux Écossais, que ceux-ci enlevèrent la peau de son corps et s'en partagèrent les lambeaux, pour les conserver en mémoire de la vengeance qu'ils avaient tirée du trésorier anglais. On prétend même que quelques-uns firent avec cette peau des sangles de cheval, usage auquel je ne crois pas qu'elle pût être facilement employée. Il faut avouer que c'est une tache pour les Écossais d'avoir insulté le corps mort de leur ennemi, et cela montre qu'ils étaient encore plongés dans la barbarie.

Les débris de la grande armée de Surrey abandonnèrent l'Écosse après cette défaite ; alors toute la population se leva en masse, attaqua les forteresses qui étaient encore au pouvoir des Anglais, et les prit, les unes de vive force, les autres par adresse. On raconte à ce sujet une foule d'histoires plus surprenantes les unes que les autres sur les exploits de Wallace ; quelques-unes sont incontestables, d'autres sont inventées, ou du moins peuvent être taxées d'exagération. Ce qui paraît certain, c'est qu'il reprit toutes les forteresses, battit les Anglais à plusieurs reprises, et les chassa presque entièrement de l'Écosse, qui recouvra momentanément son entière indépendance. Il pénétra même en Angleterre, et dévasta le Cumberland et le Northumberland. Les soldats écossais y commirent de grandes cruautés pour se venger de tout ce que les Anglais leur avaient fait souffrir. Wallace n'approuvait pas qu'ils massacrassent les habitans qui n'avaient pas d'armes, et il s'efforçait de protéger les prêtres et tous ceux qui ne pouvaient se défendre eux-mêmes. — Restez près de moi, dit-il aux prêtres d'Hexham, ville considérable du Northumberland, car je ne pourrais vous sauver de la fureur de mes soldats si vous n'étiez pas à mes côtés. Wallace n'avait pas d'argent à donner à ses troupes; elles ne recevaient aucune paie, et c'était une des grandes raisons pour lesquelles il ne pouvait réprimer leurs excès, ni les empêcher de faire beaucoup de mal à ceux même qui n'opposaient aucune résistance. Ils restèrent plus de trois semaines en Angleterre, et y commirent de grands ravages.

Édouard Ier était en Flandre lors de tous ces événemens. Vous pouvez vous figurer de quelle fureur il fut transporté lorsqu'il apprit que les Écossais, qu'il croyait avoir entièrement soumis, étaient en insurrection complète, qu'ils avaient battu ses armées, tué son trésorier, chassé ses soldats de toute la contrée, et envahi l'Angleterre avec des forces nombreuses. Il revint de Flandre en toute hâte, déterminé à ne pas quitter l'Écosse qu'il ne l'eût complètement subjuguée; et ayant assemblé une très-belle armée, il s'avança contre les rebelles. Ceux-ci, de leur côté, réunirent toutes leurs forces, et élurent Wallace protecteur ou gouverneur de l'Écosse, parce qu'alors ils n'avaient point de roi. Ce fut de ce moment qu'on lui donna le titre de sir William Wallace. Mais quoiqu'il fût, comme nous l'avons vu, le plus brave, le plus habile guerrier de toute l'Écosse, et par conséquent le plus propre à commander l'armée dans ce moment de crise, lorsque le roi d'Angleterre s'avançait contre eux avec des forces si imposantes, les nobles écossais se montrèrent mécontens de ce choix, parce que Wallace n'avait pas une naissance illustre, et qu'il ne possédait pas de vastes propriétés. Leur jalousie contre le nouveau gouverneur était si grande, qu'ils ne semblaient pas très-disposés à réunir leurs troupes et à marcher contre Édouard, parce qu'ils ne voulaient pas de Wallace pour leur général. C'était une conduite vile et méprisable, et il en résulta de grands désastres pour l'Écosse. Cependant, malgré les mauvaises dispositions de la haute noblesse, Wallace rassembla une nombreuse armée; car le peuple lui était très-attaché. Il marcha hardiment à la rencontre d'Édouard, et il le joignit près la ville de Falkirk (1). Presque tous ses soldats étaient à pied, parce que dans ce temps, je vous l'ai déjà dit, les nobles seuls combattaient à cheval. Édouard avait, au contraire, la plus belle cavalerie du monde, composée de cavaliers anglais et normands couverts d'armures complètes. Il était accompagné des célèbres archers d'Angleterre, qu'on disait porter la vie de douze Écossais à leur ceinture, parce que chacun d'eux portait douze flèches rangées dans son ceinturon, et qu'ils passaient pour ne jamais manquer leur coup.

Les Écossais avaient aussi quelques bons archers de la forêt d'Ettrick, qui combattaient sous les ordres de sir John Stewart de Bonkil; mais ils étaient loin d'égaler en nombre les archers anglais. La plus grande partie de l'armée écossaise se composait de fantassins armés de longues piques. Ils marchaient serrés les uns contre

---

(1) D'Édimbourg à Stirling. — Éd.

les autres, et les pointes de leurs piques étaient si rapprochées entre elles, qu'elles formaient comme un rempart qu'il semblait impossible de rompre. Quand les deux armées furent en présence, Wallace dit à ses soldats : — Je vous ai amenés au bal, montrez-moi comment vous dansez; voulant dire : — Je vous ai amenés sur le champ de bataille, voyons si vous y combattrez vaillamment.

Les Anglais commencèrent l'attaque sans se laisser intimider par la contenance fière et martiale des Écossais, et par le redoutable mur hérissé de pointes. Édouard donna ordre à sa cavalerie de charger, et aussitôt elle avança à bride abattue. Ce dut être une chose terrible que de voir ces beaux chevaux s'élancer au grand galop sur ces longues lances que leur opposaient les Écossais; et des cris affreux s'élevèrent en même temps du champ de bataille. Les Écossais soutinrent bravement le choc. La plupart des chevaux des Anglais qui se trouvaient au premier rang tombèrent morts, et leurs cavaliers, accablés sous le poids de leurs armures qui les empêchaient de se relever, furent massacrés. La cavalerie écossaise, au lieu de soutenir l'infanterie, abandonna lâchement le champ de bataille. On suppose que ce fut une trahison de la part de la noblesse, qui haïssait Wallace. Cependant il faut considérer que les cavaliers écossais étaient en très-petit nombre, qu'ils étaient mal armés, et que leurs chevaux étaient loin de valoir ceux de leurs ennemis. Les Anglais firent plusieurs charges sans en obtenir plus de succès; leurs efforts étaient impuissans sur les rangs profonds et inébranlables des soldats de Wallace; ils furent continuellement repoussés, et ne purent pénétrer au travers de cette *forêt de lances*, comme l'appelle un historien anglais. Alors Édouard donna ordre à ses archers d'avancer; ils obéirent, et lorsqu'ils furent tout près des rangs écossais, ils firent pleuvoir sur eux une grêle si terrible de flèches, qu'il fut impossible de soutenir cette attaque. Au même instant sir John Stewart se tua en tombant de cheval, et les archers de la forêt d'Ettrick qu'il amenait pour les opposer à ceux d'Édouard tombèrent autour de lui. On reconnut leurs cadavres après la bataille, parce qu'ils étaient les plus grands et les plus beaux hommes de l'armée.

Les pertes nombreuses que les archers avaient fait éprouver à l'infanterie écossaise mirent un peu de désordre dans ses rangs affaiblis. Édouard, saisissant ce premier moment de confusion, ordonna une nouvelle charge de sa pesante cavalerie : cette fois elle parvint à se frayer un passage.

Sir John Grahame, l'ami et le compagnon de Wallace, fut tué à la tête de son corps, et les Écossais, ayant perdu encore un grand nombre des leurs, furent enfin obligés de prendre la fuite.

Cette fatale bataille eut lieu le 22 juillet 1298. Sir John Grahame fut enterré dans le cimetière de Falkirk. On éleva sur sa tombe un monument que l'on a renouvelé trois fois depuis sa mort, et qui porte cette inscription : « Ci-gît sir John Grahame, le fidèle ami de Wallace, aussi recommandable par sa prudence que par son courage, qui fut tué par les Anglais les armes à la main. »

On montra long-temps, dans la forêt voisine, un énorme chêne sous lequel on prétendait que Wallace avait dormi avant la bataille, ou dans lequel, suivant d'autres, il s'était caché après sa défaite.

Il y a près de quarante ans, votre grand-papa vit encore quelques racines de cet arbre, mais déjà le tronc était tombé, et aujourd'hui il n'en reste pas le moindre vestige.

Il paraît qu'après la terrible bataille de Falkirk, Wallace se démit de ses fonctions de gouverneur de l'Écosse. Plusieurs nobles furent nommés gardiens du royaume, et continuèrent de combattre les Anglais. Ils remportèrent sur eux plusieurs avantages, entre autres près de Roslin, où John Comyn de Badenoch, l'un des gardiens de l'Écosse, et un des chefs les plus distingués, nommé Simon Fraser, battirent trois divisions de l'armée anglaise en un seul jour.

Cependant le roi d'Angleterre avait tant d'argent et tant de moyens de lever des troupes, qu'à chaque instant de nouvelles armées étaient envoyées contre la malheureuse Écosse, et que les nobles et les grands se virent forcés l'un après l'autre de se soumettre de nouveau à son joug. Wallace seul, à la tête d'un petit nombre de soldats, refusa de reconnaître le pouvoir de l'usurpateur et de déposer les armes.

Sept ans encore après la défaite de Falkirk, lorsque, depuis plus d'un an, tous les autres défenseurs de la liberté nationale avaient mis bas les armes, il maintenait seul son indépendance au milieu des bois et des montagnes de son pays.

Les Anglais publièrent une foule de proclamations contre lui, et mirent sa tête à prix; car Édouard pensait qu'il ne pourrait compter sur la tranquille possession du royaume qu'il avait usurpé, tant que Wallace vivrait. Enfin il fut fait prisonnier, et, il faut le dire en rougissant, ce fut un Écossais, nommé sir John Menteith, qui le prit et le livra aux Anglais. On croit généralement que ce fut à Robroyston, près de Glascow, qu'il fut arrêté. C'est une ancienne tradition du pays que le signal convenu auquel on devait se jeter sur lui était de retourner un pain sur la table, de manière à ce que le côté plat se trouvât par-dessus. Ce fut un de ses prétendus amis qui se chargea de le donner : aussi dans la suite était-ce regardé comme une impolitesse de placer un pain de cette manière, s'il se trouvait une personne du nom de Menteith parmi les convives, puisque c'était lui rappeler qu'un Menteith avait trahi sir William Wallace, le champion de l'Ecosse.

Il n'est pas bien certain que sir John Menteith soit en effet celui qui donna le signal; mais ce qui est prouvé, c'est que ce fut lui qui le fit prisonnier et qui le livra aux Anglais, flétrissure qui est toujours restée à son nom et à sa mémoire.

Édouard ayant ainsi en son pouvoir celui qu'il considérait comme le plus grand obstacle à l'entier assujétissement de l'Écosse, résolut de faire un exemple qui effrayât ceux qui seraient tentés à l'avenir de s'opposer à ses projets ambitieux. Il fit amener Wallace à Westminster-Hall, et là il le fit comparaître devant des juges anglais, couronné par dérision d'une guirlande verte (1), puisque, disait-il, il avait été roi de proscrits et de brigands dans les forêts d'Écosse. Il fut accusé d'avoir été traître envers le roi d'Angleterre. — Je n'ai pu être traître envers lui, répondit Wallace, car je n'ai jamais été son sujet. On lui reprocha aussi d'avoir fait périr beaucoup d'hommes et d'avoir commis beaucoup de désastres : il répondit avec le même calme et le même courage, — qu'en effet il avait tué beaucoup d'Anglais, mais que c'était parce qu'ils avaient voulu opprimer son pays natal ; et que, loin de se repentir de ce qu'il avait fait, il n'éprouvait qu'un regret, c'était de n'en avoir pas tué un plus grand nombre.

Quoique cette défense de Wallace fût très-bonne, et d'après la raison et d'après les lois (car non-seulement chacun a le droit de combattre pour la défense de son

---

(1) *Since matchless Wallace first had been*
In mock'ry crown'd with wreath of green, etc.
                Lord of the Isles, cant. II, st. 26.

« Depuis que l'incomparable Wallace fut couronné par dérision » d'une guirlande de laurier. » On prétendait que Wallace s'était vanté d'entrer un jour à Westminster avec la couronne sur la tête, etc. —Éd.

pays, mais c'est même un devoir sacré de le faire), les juges anglais le condamnèrent à mort. Ce brave et généreux patriote fut traîné sur une charrette au lieu de l'exécution, où il eut la tête tranchée, et son corps fut séparé en quatre parties, qui, d'après la coutume barbare du temps, furent exposées sur le pont de Londres, suspendues à des piques de fer, et nommées les membres d'un traître.

Édouard avait pensé qu'en traitant avec cette excessive rigueur un patriote aussi distingué que sir William Wallace, il frapperait de terreur toute l'Écosse, et qu'il pourrait la gouverner à l'avenir sans que personne osât lui résister. Mais bien qu'Édouard, brave et puissant, eût pris toutes les mesures les plus prudentes et en même temps les plus sévères pour tenir l'Écosse dans l'obéissance, cependant, comme ses droits étaient uniquement fondés sur une injuste usurpation, la Providence ne permit pas qu'il en jouît en paix. A peine sir William Wallace, cet immmortel défenseur de l'indépendance de son pays, avait-il péri de la manière inique et barbare que je vous ai racontée qu'il s'éleva d'autres patriotes également prêts à combattre pour la liberté de l'Écosse (1).

(1) Ce chapitre suffit pour expliquer les fréquentes allusions au nom de Wallace dans les poésies écossaises, et notamment dans celles de sir Walter Scott : c'est le Guillaume Tell des montagnes d'Écosse, un demi-dieu d'épopée, et un héros populaire. — Éd.

CHAPITRE VI.

ÉLÉVATION DE ROBERT LE BRUCE (1).

J'ESPÈRE, mon cher enfant, que vous n'avez pas oublié que toutes les guerres qui affligèrent l'Écosse provinrent des débats qui, à la mort d'Alexandre III, s'élevèrent entre les grands seigneurs relativement à la couronne, et de l'imprudence qu'ils commirent en prenant Édouard pour arbitre, et en lui facilitant ainsi les moyens de la mettre sur sa propre tête. Vous vous rappelez qu'il détrôna John Baliol pour avoir voulu rendre l'indépendance à son pays, et que celui-ci lui remit la

(1) Robert *the* Bruce. L'article devient ici un titre honorifique qui répond à notre particule *de;* mais il appartient au vieux temps.
ÉD.

couronne comme à son seigneur suzerain. Ce John Baliol était par cela même peu aimé des Écossais. Il avait renoncé au trône, et il était depuis quinze ans hors de l'Écosse, étant resté presque tout ce temps prisonnier du roi d'Angleterre. Il était donc naturel que ceux des Écossais qui étaient décidés à combattre de nouveau pour affranchir leur pays du joug des Anglais cherchassent quelque autre roi pour les commander. La domination anglaise pesait également à tous; et ceux des grands seigneurs qui croyaient avoir des droits à la couronne commencèrent à se mettre sur les rangs pour les faire valoir.

En admettant que John Baliol, par sa renonciation au trône et par sa captivité, y eût perdu tous ses droits, les deux concurrens principaux étaient Robert Bruce, comte de Carrick, et petit-fils de ce Robert Bruce qui, comme vous l'avez vu plus haut, disputa le trône à John Baliol; et John Comyn ou Cuming de Badenoch, appelé ordinairement Comyn-le-Roux, pour le distinguer de son parent Comyn-le-Noir à qui son teint basané avait fait donner ce surnom. Ces deux puissans barons avaient pris parti pour sir William Wallace dans les guerrres contre les Anglais; mais après la défaite de Falkirk, regardant l'affranchissement de l'Écosse comme impossible, et craignant de perdre leurs immenses possessions, non-seulement ils s'étaient soumis à Édouard et l'avaient reconnu pour roi, mais ils s'étaient même réunis aux Anglais pour combattre ceux de leurs compatriotes qui continuaient encore à résister à l'usurpateur. Voici, d'après les vieilles traditions de l'Écosse, ce qui ouvrit les yeux de Bruce sur la bassesse de sa conduite. Il s'était trouvé à l'une des nombreuses escarmouches des Anglais avec les patriotes écossais, et il avait aidé les premiers à remporter la victoire. Après l'affaire il se mit à table pour dîner sans avoir pris le temps de laver ses mains encore teintes du sang qu'il avait versé dans le combat : les seigneurs anglais s'en étant aperçus, se dirent entre eux à voix basse : — Voyez cet Écossais qui mange son propre sang ! Bruce entendit ces paroles, et il en fut douloureusement frappé. N'était-ce pas en effet son propre sang qui souillait ses mains, puisque c'était celui de ses braves compatriotes qui combattaient pour l'indépendance de l'Écosse, tandis que lui se réunissait lâchement à leurs oppresseurs de la part desquels sa conduite contre nature ne lui attirait que des sarcasmes et des outrages? Ces réflexions l'émurent si vivement qu'il se leva de table, et, entrant dans une chapelle voisine, il versa des larmes amères, demanda pardon à Dieu de son crime, et fit le vœu solennel d'employer tous ses efforts pour délivrer l'Écosse du joug de l'étranger. Fidèle à sa parole, il abandonna sur-le-champ l'armée anglaise, et ne songea plus qu'aux moyens de rendre la liberté à son pays (1).

Robert Bruce était d'une force et d'une bravoure remarquable. Il n'y avait personne en Écosse qu'on crût pouvoir lui comparer, si ce n'est sir William Wallace; et depuis que ce héros était mort, Bruce en était le

(1) Ici commence en quelque sorte l'exposition du poëme du *Lord des Iles*. — Éd.

plus vaillant guerrier. Il était plein de sagesse et de prudence, et était excellent général, c'est-à-dire qu'il savait conduire une armée et la disposer en ordre de bataille mieux peut-être que le plus célèbre capitaine de son temps. Naturellement affable et généreux, il avait quelques défauts que l'on doit attribuer autant à la barbarie de l'époque où il vivait, qu'à son propre caractère. Il était emporté, colère, et dans ses accès de fureur il lui arrivait d'être cruel et implacable.

Robert Bruce était décidé, ainsi que je vous l'ai dit, à tenter encore une fois d'arracher l'Écosse au joug des Anglais, et il voulut engager son compétiteur au trône, sir John Comyn-le-Roux, à se réunir à lui pour chasser l'étranger. Dans ce dessein il accourut de Londres à Dumfries, sur les frontières de l'Écosse, et demanda une entrevue à John Comyn ; elle eut lieu dans l'église des Minorites de cette ville, devant le maître-autel. Ce qui se passa entre eux n'est pas bien connu ; on sait qu'ils se querellèrent ; mais fut-ce à cause de leurs prétentions communes à la couronne, ou bien parce que Comyn refusa de se joindre à Bruce pour l'insurrection projetée, ou bien encore parce que Bruce reprocha à Comyn de l'avoir trahi en dévoilant aux Anglais ses projets de révolte : c'est un point sur lequel les historiens ne sont pas d'accord. Ce qui est positif, c'est que la dispute devint très-vive, qu'ils se prodiguèrent les noms les plus outrageans, et qu'enfin Bruce, qui, comme je viens de vous le dire, était très-emporté, oublia le lieu sacré où il se trouvait, et frappa Comyn d'un coup de poignard. A peine eut-il commis ce crime, qu'il s'élança hors de l'église et demanda son cheval. Deux gentilshommes de ses amis, Lindesay et Kirkpatric, l'attendaient à la porte. Le voyant arriver pâle, sanglant, et dans la plus grande agitation, ils lui demandèrent vivement ce qu'il avait.

— Je crois, leur répondit-il, que j'ai tué Comyn-le-Roux.

— Comment! vous croyez? s'écria Kirkpatrick : c'est une chose qu'il ne faut pas laisser dans le doute, et je vais y mettre ordre (1).

A ces mots il entra dans l'église avec Lindesay, et tous deux achevèrent le malheureux blessé à coups de poignard. Son oncle, sir Robert Comyn, fut assassiné en même temps.

Le meurtre de Comyn fut une action infame, et l'historien de Bruce dit que celui qui en était l'auteur fut poursuivi depuis lors de la vengeance céleste; car jamais homme n'eut à souffrir plus d'infortunes que Robert Bruce, quoiqu'à la fin il se vit au faîte de la puis-

---

(1) *Kirkpatrick's bloody dirk*
Making sure of murder's work.
Lord of the Isles, canto II, st. XIII.

« Le poignard sanglant de Kirkpatrick rendant *sûr* l'œuvre du « meurtre. » Les Kirkpatrick de Closeburn avaient conservé dans leurs armes une main armée d'un poignard, en commémoration de cet acte. — Éd.

sance. La position de Bruce devint bien critique après la mort de Comyn ; il avait commis un crime qui ne pouvait manquer d'attirer sur lui la vengeance de tous les parens de Comyn, le ressentiment du roi d'Angleterre, et le déplaisir de l'Église pour avoir tué son ennemi dans une enceinte sacrée. Il résolut donc de ne plus rien ménager, et d'annoncer hautement ses prétentions à la couronne. Il rassembla tous ses partisans, convoqua ceux des barons écossais qui voulaient combattre pour la liberté, et se fit proclamer roi dans l'abbaye de Scone, lieu ordinaire du couronnement des rois d'Écosse.

Tout ce qui avait rapport à cette cérémonie se fit à la hâte; l'ancienne couronne d'Écosse, qu'Édouard avait emportée en Angleterre, fut remplacée par un petit cercle d'or arrangé précipitamment. Le comte de Fife, descendant du brave Macduff, et qui, à ce titre, aurait dû poser la couronne sur la tête du roi, refusa de paraître au couronnement. Ce fut sa sœur Isabelle, comtesse de Buchan, qui, sans le consentement ni de son frère, ni de son époux, remplit cette cérémonie. Quelques barons, dont le nom sera toujours cher à l'Écosse, se joignirent à Bruce pour l'aider à la délivrer.

La fureur d'Édouard ne connut pas de bornes quand il apprit que, malgré toutes les peines qu'il s'était données, malgré tout le sang qui avait été répandu, l'Écosse faisait de nouveaux efforts pour secouer son autorité. Quoiqu'il fût alors faible, malade, et d'un âge avancé, il fit dans un grand festin le vœu solennel de tirer de

Bruce et de ses adhérens la vengeance la plus éclatante ; après quoi il ne tirerait plus jamais l'épée contre un chrétien, mais combattrait seulement les infidèles pour délivrer la Terre-Sainte. Il se mit donc à la tête d'une nombreuse armée et marcha contre Bruce.

Le commencement du règne du nouveau monarque ne fut signalé que par des désastres. Il fut couronné le 29 mars 1306. Le 18 mai il fut excommunié par une bulle du pape qui le privait de tous les bienfaits de l'Église, et donnait à chacun le droit de le mettre à mort. Enfin, le 19 juin, le nouveau roi fut complètement battu, près de Methven, par le général anglais comte de Pembroke. Robert eut son cheval tué sous lui, en un moment il se vit prisonnier; mais celui au pouvoir duquel il était tombé était un chevalier écossais qui, quoique combattant dans les rangs de l'armée d'Édouard, recula devant l'idée de livrer Bruce entre ses mains, et lui rendit la liberté. Les vainqueurs traitèrent leurs captifs avec leur cruauté accoutumée. De ce nombre se trouvaient de jeunes et dignes rejetons des premières familles d'Écosse : Hay, de qui descendent les comtes d'Errol, Somerville, Fraser et plusieurs autres, qui furent sans miséricorde condamnés à mort et exécutés (1).

(1) *Where's Nigel Bruce ? and De la Haye*
And valiant Seton. — Where are they ?
Where Somerville, the kind and free
And Fraser flower of chivalry ? etc.

Lord of the Isles, cant. II. st. 26.

Éd.

Bruce, suivi de quelques amis fidèles, parmi lesquels était le jeune lord de Douglas, appelé depuis le Bon Lord James, se réfugia dans les montagnes des Highlands. Chassés de retraite en retraite, ils coururent maints et maints dangers, et furent réduits aux plus grandes privations (1). L'épouse de Bruce, alors reine d'Écosse, et quelques autres dames, accompagnaient les malheureux fugitifs; ils n'avaient d'autres moyens d'existence que la chasse et la pêche. Le jeune Douglas était le plus heureux et le plus adroit dans ces deux exercices, et y obtenait le plus de succès; ce fut surtout à lui que leurs malheureuses compagnes durent les secours qui leur étaient nécessaires.

Chassé de montagne en montagne, Bruce essaya de pénétrer dans Lorn, mais partout il trouva des ennemis. Les Mac-Douglas, seigneurs puissans qui prenaient le titre de lords de Lorn, étaient attachés au parti de l'Angleterre. Lorsqu'ils apprirent que Bruce cherchait à entrer dans leur pays, ils firent prendre les armes à tout ce qui était sous leur dépendance, et attaquèrent ces malheureux fugitifs. John de Lorn, le chef des Douglas, nourrissait une haine envenimée contre Bruce à cause du meurtre de Comyn-le-Roux, son proche parent. Bruce, accablé par le supériorité du nombre, essuya une nouvelle défaite près d'un endroit appelé Dalry; mais il montra dans cette nouvelle infortune quels étaient sa force et son courage. Il dit à ses compagnons de se retirer par un étroit défilé, et, se pla-

---

(1) Chant III du *Lord des Iles*. — Éd.

çant le dernier de la troupe, il combattit et mit à mort tous ceux qui les pressaient de trop près. Trois des guerriers de Douglas, Mac-Androsser et ses fils, connus pour leur force prodigieuse, voyant avec quel succès Bruce protégeait la retraite de ses gens, firent vœu de le prendre mort ou vif. Ils se jetèrent sur lui tous ensemble. Le roi était à cheval dans l'étroit passage dont nous avons parlé, entre un roc escarpé et un lac profond. Un des deux fils ayant pris la bride de son cheval, Bruce lui donna un si terrible coup d'épée qu'il abattit la main de son audacieux adversaire, qui tomba baigné dans son sang. Pendant ce temps l'autre frère lui avait saisi la jambe et s'efforçait de le renverser; mais le roi, enfonçant ses éperons dans le ventre de son cheval, le fit se dresser si brusquement, que le montagnard tomba sous les pieds du superbe animal; et comme il s'efforçait de se relever, Robert lui fendit la tête. A la vue de ses deux fils expirans, Androsser se précipita sur Bruce et le saisit par son manteau, qu'il serra de si près autour du corps du roi, que celui-ci ne pouvait plus brandir sa longue épée; mais se servant du pommeau, ou, suivant d'autres, d'un marteau d'armes suspendu à l'arçon de sa selle, Bruce en assena un coup si terrible à ce troisième assaillant, qu'il lui fit sauter la cervelle. Cependant comme la main du montagnard, raidie encore par la mort, n'en serrait que plus étroitement son manteau, le roi, pour se débarrasser du cadavre, fut obligé de détacher l'agrafe qui fermait le manteau et d'abandonner l'un et l'autre. Cette agrafe est encore aujourd'hui conservée soigneusement par la famille des Mac-Douglas de Lorn, comme une preuve irrécusable que le célèbre Robert Bruce fut une fois bien près de tomber entre les mains d'un de ses ancêtres (1). Le roi garda un profond ressentiment contre John de Lorn, et lorsqu'il se trouva dans des circonstances plus heureuses, il ne manqua pas de se venger.

Robert Bruce courut une foule de dangers semblables dans ses courses errantes et vagabondes; cependant, bien qu'il fût presque toujours battu par les forces supérieures des Anglais, et de ceux des Écossais qui prenaient parti pour eux, il ne se laissa jamais abattre, et soutint toujours le courage de ses compagnons. Il avait plus d'instruction qu'on ne se serait attendu à en trouver à cette époque en Écosse, où, à l'exception du clergé, presque personne ne savait lire et écrire. Le roi possédait ces deux talens, et on raconte même qu'il faisait quelquefois la lecture à ses soldats pour les instruire, lorsqu'ils traversaient les grands lacs des Highlands sur les misérables barques qu'ils avaient pu se procurer.

Cependant les dangers finirent par se multiplier à un tel point autour du brave Robert, qu'il lui devint impossible de garder près de lui la reine et les dames qui l'accompagnaient. L'hiver approchait, et il était impossible que des femmes pussent supporter les fatigues de cette vie errante au milieu des montagnes, lorsqu'elles seraient couvertes de neige et de frimas. Il laissa donc la reine, avec la comtesse de Buchan et quelques au-

---

(1) Voyez dans le second chant du *Lord des Îles*, la ballade intitulée : *L'Agrafe de Lorn. The Broach of Lorn.* — Éd.

tres, dans le seul château qui lui restât, celui de Kildrummie, près de la source du Don, dans le comté d'Aberdeen. Le roi chargea son plus jeune frère, Nigel Bruce, de défendre le château contre les Anglais, et suivi d'Édouard, son second frère, guerrier intrépide, mais plus téméraire encore et plus emporté que Robert lui-même, il se retira avec le peu d'hommes qui lui restaient dans l'île de Rachrin, sur la côte d'Irlande, où il passa l'hiver de 1306. Pendant ce temps le malheur ne se lassa pas de le poursuivre dans la personne de tout ce qui lui était cher en Écosse. Le château de Kildrummie fut pris par les Anglais, et Nigel Bruce, brave et beau jeune homme, fut cruellement mis à mort. La reine et les dames de sa suite furent faites prisonnières et traitées avec la dernière rigueur. Ces nouvelles parvinrent à Bruce lorsqu'il était dans une misérable chaumière de l'île de Rachrin, et le réduisirent presque au désespoir.

Il est probable que ce fut vers cette époque qu'arriva un incident qui n'est connu que par une tradition conservée dans les familles du nom de Bruce, mais que les mœurs et les idées du temps rendent probable. On raconte qu'après avoir reçu la fâcheuse nouvelle de ce qui venait de se passer en Écosse, Bruce, étendu un matin sur son misérable lit, se demandait s'il ne ferait pas mieux de renoncer pour jamais à tout espoir de faire valoir ses droits à la couronne d'Écosse, de renvoyer ses soldats et de passer avec ses frères en Palestine pour y consacrer le reste de sa vie à combattre les infidèles, en expiation du crime qu'il avait commis en frappant Comyn dans l'église de Dumfries.

Mais d'un autre côté, ne serait-ce pas une lâcheté, et même ne serait-ce pas un crime de se désister de ses efforts pour délivrer son pays tant qu'il lui restait le moindre espoir d'y réussir? Ce qui, après tout, était un devoir encore plus sacré pour lui que d'aller faire la guerre en Palestine, bien que la superstition de son siècle pût penser le contraire.

Tout en faisant ces réflexions, qui le plongeaient dans une pénible incertitude, Bruce avait les yeux fixés sur le plancher de la chaumière, et il aperçut une araignée qui, suspendue au bout d'un long fil son ouvrage, s'efforçait de s'élancer d'une poutre à l'autre pour y attacher le fil sur lequel elle comptait établir sa toile. Elle fit un nouvel essai, mais sans réussir davantage, recommença encore, et toujours inutilement. Enfin Bruce la vit six fois de suite réitérer ses efforts et six fois échouer dans son entreprise. Il lui vint dans la tête que lui-même il avait précisément livré six batailles aux Anglais, et que par conséquent il se trouvait exactement dans la même position que la pauvre araignée, ayant fait le même nombre de tentatives avec aussi peu de succès.

— Eh bien, se dit Bruce, puisque je n'ai aucun moyen de savoir quel est le meilleur parti à prendre, je suivrai l'exemple de ce laborieux insecte. S'il fait un septième effort pour attacher son fil, et qu'il réussisse, je tenterai encore une fois la fortune ; mais s'il échoue, je partirai pour la Palestine, et jamais je ne reverrai mon pays.

Tandis que Bruce formait cette résolution, l'araignée réunissait toutes ses forces pour faire une nouvelle tentative, et elle parvint enfin à fixer son fil sur la poutre qu'elle cherchait depuis si long-temps à atteindre. Encouragé par cet exemple, le roi résolut de tenter encore les hasards de la guerre. Jusqu'alors il n'avait jamais remporté la victoire, depuis lors il n'essuya presque plus de revers. Je me suis souvent trouvé avec des Écossais du nom de Bruce si convaincus de cette anecdote, que pour rien au monde ils n'auraient voulu tuer une araignée, parce que c'était un de ces insectes qui avait donné l'exemple de la persévérance et fait présager le succès au grand héros de leur race.

Déterminé à renouveler ses efforts pour l'affranchissement de l'Écosse, malgré le peu de ressources qu'il possédait pour mettre à fin une si grande entreprise, Bruce quitta Rachrin, et aborda avec ses compagnons dans l'île d'Arran, qui se trouve à l'embouchure de la Clyde. En débarquant, il demanda à la première femme qu'il rencontra s'il y avait des hommes armés dans l'île. Elle lui répondit qu'il était arrivé dernièrement un détachement d'étrangers armés qui avaient attaqué le gouverneur anglais du château de Brathwich, l'avaient mis à mort ainsi que beaucoup de ses soldats, et qu'à présent ils s'amusaient à chasser dans l'île. Le roi s'étant fait conduire dans les bois que ces étrangers fréquentaient le plus, se mit à donner du cor à plusieurs reprises. Le chef de la troupe qui s'était emparée du château de Brathwich était James Douglas, que nous avons déjà cité comme l'un des meilleurs amis de Bruce.

Aussitôt qu'il entendit les sons de l'instrument, il s'écria que c'était le roi, qu'il le reconnaissait à sa manière de donner du cor. Suivi de ses compagnons, il se hâta de le rejoindre, et l'on se figure facilement avec quels transports de joie ils se retrouvèrent.

Bruce était alors en vue de l'Écosse, et à peu de distance des possessions de sa famille, dans une province où le peuple devait lui être plus particulièrement dévoué. Il commença aussitôt à se concerter avec Douglas sur les moyens à prendre pour renouveler ses entreprises contre les Anglais. Celui-ci résolut de se rendre déguisé dans son propre pays, pour y rassembler ses amis et se venger du comte de Clifford, seigneur anglais auquel Édouard avait donné toutes ses possessions, et qui habitait le château de Douglas.

Bruce, de son côté, entretenait des intelligences sur la côte de Carrick, au moyen d'un homme de sa suite nommé Cuthbert. Si les habitans du pays se montraient disposés à se soulever en faveur du roi d'Écosse, Cuthbert devait allumer un grand feu sur un cap élevé nommé Turnberry, en face de l'île d'Arran. A ce signal le roi devait s'embarquer avec sa petite troupe, qui ne se composait que de trois cents hommes environ, et aborder sur la côte de Carrick pour se joindre aux insurgés.

Bruce et ses soldats guettèrent impatiemment le signal pendant quelque temps, sans rien apercevoir. Enfin ils virent briller une flamme sur le cap de Turnberry.

Pleins d'espoir et de courage, ils coururent gaiement à leurs barques, bien convaincus que leurs amis de Carrick étaient sous les armes et prêts à se joindre à eux. Ils atteignirent le rivage à minuit, et n'y trouvèrent que leur espion Cuthbert, qui les attendait seul, et qui était porteur de bien mauvaises nouvelles. Lord Percy était dans le pays à la tête de deux ou trois cents Anglais; et, à force de menaces et de mauvais traitemens, il avait si bien frappé les habitans de terreur qu'aucun d'eux n'osait même songer à se révolter contre le roi Édouard.

— Traître! s'écria Bruce, pourquoi donc alors avez-vous fait le signal convenu?

— Hélas! répondit Cuthbert, ce n'est pas moi qui ai allumé ce feu; c'est quelque autre personne dont je ne puis soupçonner le motif; mais dès que je l'ai aperçu j'ai pensé que vous le prendriez pour mon signal, et je suis venu vous attendre ici, pour vous dire ce qui en était (1).

Après quelque hésitation, Bruce décida que, puisqu'il se trouvait sur la terre d'Écosse, il ne reculerait pas, et qu'il en adviendrait ce qu'il plairait au ciel.

D'après cette résolution, il attaqua lord Percy avec tant de succès qu'après plusieurs escarmouches il le força d'abandonner Carrick. Alors il divisa ses forces et les dirigea sur différens points contre les Anglais, qui

---

(1) *Lord des Iles*, chant v. — ÉD

furent battus dans presque toutes les rencontres. Mais le roi, qui souvent ne gardait avec lui qu'un petit nombre de soldats, qui plusieurs fois même demeura presque seul, courut, en plus d'une occasion, le danger de perdre la vie par violence ou par trahison. Plusieurs de ces incidens ont de l'intérêt, je vais vous en raconter quelques-uns.

Un proche parent de Bruce, en qui il avait une entière confiance, gagné par les Anglais, résolut de lui donner la mort. Le traître, accompagné de ses deux fils, attendit le roi un matin que celui-ci, tout-à-fait séparé de sa suite, n'avait auprès de lui qu'un enfant qui lui servait de page. Ces trois hommes avaient chacun une épée, et les deux fils portaient en outre, l'un une lance, et l'autre une hache d'armes. Or, le roi les voyant bien armés, quand il ne se trouvait pas d'ennemis dans les environs, se rappela que déjà des avis secrets lui avaient annoncé que ces hommes voulaient l'assassiner. Il n'avait pour toute arme que son épée; mais son page portait un arc et une flèche Le roi les lui prit, et lui ordonna de se retirer à quelque distance. — Si je me débarrasse de ces traîtres, lui dit-il, tu ne manqueras pas d'armes; mais s'ils me tuent, tu t'échapperas et iras dire à Douglas et à mon frère de venger ma mort. Ces paroles affligèrent l'enfant, qui aimait son maître, mais il fallut obéir.

Cependant les assassins s'approchèrent de Bruce pour l'assaillir tous ensemble. Celui-ci, devinant leur intention, leur cria de ne point avancer davantage, sous peine de leur vie. Le père, prenant un ton doucereux, lui fit la réponse la plus affable, et, tout en parlant, il continuait de s'approcher vers Robert. Mais celui-ci lui cria une seconde fois d'arrêter. — Traîtres, dit-il, vous avez vendu mon sang pour de l'or d'Angleterre; mais vous êtes morts si vous faites un pas de plus. En disant ces mots, il tendit l'arc du jeune page; et, comme son infame parent s'approchait toujours, le roi, qui était excellent archer, lui lança une flèche qui l'atteignit à l'œil, et lui traversa le cerveau. Le traître tomba mort. Ses deux fils se précipitèrent sur le roi, l'un d'eux lui porta un coup de sa hache d'armes; mais il le manqua, ce qui le fit presque chanceler, et, avant qu'il eût retrouvé son équilibre, Bruce l'étendit à ses pieds. L'autre frère se jeta sur Robert avec sa lance; mais, d'un revers de son épée, le roi sépara le fer d'avec la lance, et avant que le malheureux eût eu le temps de tirer son épée, il avait reçu le coup de la mort. Alors le petit page, bien joyeux de la victoire de son maître, accourut le rejoindre, et Bruce, essuyant son épée sanglante, dit en regardant les corps de ses ennemis : —Voilà trois hommes qui auraient pu être de braves et honnêtes gens s'ils avaient su résister à la cupidité.

De nos jours, il n'est pas nécessaire que les généraux et les officiers supérieurs d'une armée se battent eux-mêmes; ils n'ont qu'à diriger leurs troupes; l'artillerie et les soldats font le reste. Il est rare aussi que l'on se batte corps à corps; mais, dans les rangs anciens, les rois et les grands seigneurs étaient obligés de marcher à la tête de leurs soldats, et de combattre, comme les autres, avec la lance et les autres armes alors en usage. La force et l'adresse dans tous les exercices du corps étaient donc pour eux des qualités inappréciables. Robert les possédait à un degré éminent, et c'est ce qui explique comment il échappa à une foule de dangers personnels, dans lesquels tout autre eût perdu la vie. Je vais vous raconter une autre de ces aventures qui, je crois, vous intéressera.

Après la mort de ces trois traîtres, Robert se tint caché dans son comté de Carrick et dans la contrée voisine de Galloway, jusqu'à ce que tout fût prêt pour une attaque générale contre les Anglais : il fut obligé, pendant ce temps, de ne conserver près de lui qu'un très-petit nombre d'hommes, tant par le besoin de tenir ses desseins secrets que par la difficulté de se procurer des vivres. Or, une grande partie des habitans de Galloway étaient ennemis de Bruce; ils vivaient sous le gouvernement d'un Mac-Dougal, allié au lord de Lorn, qui, ainsi que je vous l'ai raconté, avait vaincu Robert à Dalry, et avait même manqué de le faire prisonnier. Ayant appris que Bruce était dans leur pays avec tout au plus soixante hommes, ils résolurent de l'attaquer à l'improviste; et dans ce but ils se rassemblèrent au nombre de deux cents, et emmenèrent avec eux deux ou trois limiers. Ces chiens étaient dressés à courre l'homme comme les lévriers à courre le lièvre et les bassets à chasser le blaireau, c'est-à-dire que, sans voir la personne sur la piste de laquelle ils étaient mis, ils la suivaient en droite ligne, ayant l'odorat si fin, qu'ils sentaient en quelque sorte la trace de ses pas. A cette époque, ces limiers ou *sleut hounds*, ainsi appelés du mot *slot* ou *sleut* (1) qui signifie l'odeur laissée par le gibier, étaient employés à la recherche des grands criminels. Ces hommes de Galloway se croyaient sûrs, si Bruce leur échappait, et qu'il parvînt à se sauver dans les bois, de le retrouver toujours à l'aide de leurs limiers.

Le bon roi Robert, dont la vigilance ne s'endormait jamais, avait eu avis qu'il serait attaqué la nuit à l'improviste. En conséquence, il posta ses soixante hommes derrière une rivière profonde et rapide qu'il venait de traverser, dont les bords escarpés étaient hérissés de rochers. Il n'y avait qu'un seul endroit où l'on pût la passer à gué, et encore ce gué était-il profond et si étroit que deux hommes pouvaient à peine y passer de front. Le rivage sur lequel on abordait était d'une raideur extrême, et le sentier que l'on avait à gravir en sortant de la rivière était extrêmement resserré et difficile.

Bruce conduisit sa troupe à un demi-mille de distance de la rivière, pour qu'elle pût prendre quelques heures de repos, et alors, accompagné seulement de deux des siens, il revint sur ses pas pour surveiller le gué qu'il fallait nécessairement que ses ennemis traversassent pour arriver à l'endroit où dormaient ses soldats. Il réfléchissait combien il serait facile d'empêcher les ennemis de forcer ce passage s'il était vaillam-

---

(1) C'est le mot employé par le chroniqueur Barbour. — Éd.

ment défendu, lorsqu'il entendit dans le lointain les aboiemens réitérés d'un chien, qui, à chaque instant, semblait s'approcher davantage. C'était un limier qui suivait la piste du roi, et qui guidait les deux cents confédérés de Galloway. Bruce eut d'abord l'idée d'aller éveiller ses compagnons; mais il réfléchit que c'était peut-être quelque chien de berger qu'il entendait. — Mes soldats, se dit-il, sont accablés de fatigue; je n'irai pas troubler leur sommeil pour les aboiemens d'un limier, avant de savoir ce que ce peut être. Il demeura donc à écouter, et bientôt les aboiemens devinrent plus forts, et il distingua des pas de chevaux, des voix d'hommes et un cliquetis d'armes qui ne lui permirent plus de douter que les ennemis ne s'avançassent vers la rivière. — Si je m'en vais chercher ma troupe, se dit-il alors, ces hommes auront le temps de traverser le gué sans obstacle, et ce serait grand dommage, quand il est si facile de les en empêcher. Alors, jetant encore un regard sur le sentier escarpé et sur la rivière si profonde, il pensa que cette position lui donnait tant d'avantage qu'il serait possible de la défendre seul, jusqu'à ce que sa troupe vînt à son secours. Son armure était si bonne et si solide, qu'il n'avait rien à craindre des flèches de ses ennemis, ce qui rendait le combat moins inégal qu'il ne l'eût été sans cela. Il ordonna donc aux deux hommes qui l'accompagnaient d'aller éveiller ses soldats, et il demeura seul sur le bord de la rivière.

Cependant le bruit des pas des chevaux augmentait de plus en plus; et, à la clarté de la lune, Bruce vit briller les armes de près de deux cents hommes qui s'approchaient de la rivière. De leur côté, les confédérés de Galloway virent un homme seul qui paraissait garder le gué; ils n'y firent pas attention, et ceux qui se trouvaient à la tête du détachement entrèrent dans la rivière. Mais, comme ils ne pouvaient passer qu'un à un, Robert, qui les attendait sur le rivage escarpé où ils devaient débarquer, et qui, par conséquent, se trouvait au-dessus d'eux, tua le premier qui se présenta avec sa longue lance, et, d'un second coup, il abattit le cheval, qui tomba sur l'étroit sentier, et qui, en se débattant dans les convulsions de l'agonie, empêcha les autres cavaliers de sortir de la rivière, ce qui permit à Bruce de frapper à tort et à travers au milieu d'eux, sans que personne pût l'atteindre à son tour. Cinq ou six ennemis avaient déjà péri sous sa lance ou avaient été entraînés par le courant; les autres, frappés de terreur, reculèrent de quelques pas.

Mais lorsque, jetant de nouveau les yeux devant eux, ils virent qu'ils n'avaient eu affaire qu'à un seul homme, tandis qu'ils étaient en si grand nombre, ils s'écrièrent qu'ils seraient à jamais perdus d'honneur s'ils ne forçaient pas le passage, et s'encouragèrent mutuellement par de grands cris à se précipiter de nouveau dans la rivière et à attaquer leur ennemi. Mais au même instant les soldats du roi arrivaient à son secours; et les confédérés de Galloway furent obligés de battre en retraite et d'abandonner leur entreprise.

J'ai encore à vous raconter une autre aventure arrivée à ce brave Robert ; car ses aventures pendant ces courses errantes sont tout aussi curieuses et aussi intéressantes que toutes les historiettes que vous avez pu lire, et elles ont de plus l'avantage d'être vraies. Vers la même époque, et lorsque Bruce n'avait encore qu'une petite troupe, sir Aymer de Valence, comte de Pembroke, et John de Lorn vinrent dans le Galloway, à la tête l'un et l'autre d'un corps nombreux de partisans. John de Lorn s'était procuré un limier qui avait autrefois appartenu au roi, et que Bruce avait même élevé et nourri de ses propres mains, de sorte que cet animal, qui lui était fidèlement attaché, aurait distingué ses traces entre mille. Au moyen de ce limier, John de Lorn crut qu'il ne pouvait manquer de découvrir Bruce et de venger sur lui le meurtre de son parent Comyn-le-Roux.

En voyant approcher l'armée du comte de Pembroke, Robert Bruce eut d'abord l'idée de lui livrer bataille; mais, ayant appris que John de Lorn, à la tête d'un autre corps non moins nombreux, cherchait à le tourner pour l'attaquer par derrière, il résolut d'éviter le combat, du moins pour le moment, dans la crainte d'être accablé par le nombre. Il divisa ses soldats en trois bandes, et leur dit de se retirer par trois chemins différens, espérant que les Anglais ne sauraient lequel prendre; il leur assigna en même temps un lieu de rendez-vous. Mais, lorsque John de Lorn arriva à l'endroit où l'armée écossaise s'était séparée, le limier s'élança sur la route qu'avait prise l'une des trois divisions, sans s'inquiéter des deux autres. John de

Lorn, ne doutant pas que ce ne fût celle où se trouvait le roi, suivit aussitôt le chemin à la tête de toute sa troupe.

Le roi, s'apercevant de nouveau qu'il était poursuivi par un nombreux corps d'armée, et voulant échapper aux mains de ses ennemis, dispersa tous les gens qui lui restaient de différens côtés, pour faire perdre sa trace aux Anglais, et il ne garda avec lui que son frère de lait, c'est-à-dire le fils de sa nourrice. Lorsque John de Lorn fut parvenu à l'endroit où cette seconde séparation avait eu lieu, le chien, après avoir quelque temps flairé la tere, se mit à courir en aboyant sur les traces de deux hommes qui s'étaient éloignés rapidement. John de Lorn ne douta plus que l'un des deux ne fût le roi. Aussitôt il ordonna à cinq de ses hommes qui étaient d'excellens coureurs de se mettre à la poursuite du roi, et de le lui amener mort ou vif. Ceux-ci partirent sur-le-champ, et ils coururent si rapidement, qu'ils ne tardèrent pas à apercevoir le roi et son compagnon. Bruce demanda à son frère de lait s'il pouvait lui donner un coup de main, et celui-ci lui ayant répondu qu'il ferait de son mieux, ils se retournèrent sur leurs ennemis, et les tuèrent tous les cinq. Il faut remarquer qu'ils étaient mieux armés, et que le désespoir doublait encore leurs forces.

Bruce se sentait accablé de fatigue, et cependant il n'osait s'asseoir pour prendre du repos; car aussitôt qu'il s'arrêtait un moment il entendait les aboiemens du chien, qui lui prouvaient que les ennemis le suivaient de près. Enfin ils atteignirent un bois où coulait une petite rivière. — Marchons quelque temps dans ce ruisseau, au lieu de le traverser simplement, dit le roi à son frère de lait, ce malheureux limier perdra ainsi nos traces; et, si une fois nous échappons à sa poursuite, je ne redouterai plus celle de nos ennemis. En effet, ils descendirent dans la petite rivière, et eurent soin de marcher dans l'eau, qui ne pouvait conserver, comme la terre, l'odeur attachée à leurs pas. Au bout d'un certain temps, ils abordèrent sur l'autre rive, et s'enfoncèrent bien loin dans le bois avant de s'arrêter pour se reposer. Pendant ce temps, le chien était arrivé droit à la place où Bruce était entré dans la rivière; mais alors il devint inquiet, et courut çà et là sans savoir quelle route il devait prendre; car il ne pouvait retrouver les traces de son maître. John de Lorn, voyant que le chien était, comme on dit, en défaut, fut obligé de revenir sur ses pas et d'aller rejoindre Aymer de Valence.

Mais les aventures de Robert n'étaient pas finies. Il avait bien pu se reposer dans le bois, ainsi que son frère de lait, mais tous deux mouraient de faim et ne pouvaient se procurer aucune nourriture. Ils marchèrent long-temps dans l'espoir de trouver quelque habitation. Enfin, dans le milieu de la forêt, ils rencontrèrent trois hommes qui avaient tout l'air de brigands. Ils étaient bien armés, et l'un d'eux portait sur ses épaules un mouton qu'on pouvait les soupçonner d'avoir dérobé. Ils saluèrent poliment le roi, et celui-ci leur demanda où ils allaient. Ils répondirent qu'ils cherchaient Robert Bruce pour se joindre à lui. — Eh bien! leur dit celui-ci, vous n'avez qu'à me suivre; je vous promets de vous conduire auprès du roi. A ces mots, celui de ces misérables qui avait pris la parole changea de figure, et le roi, qui les examinait avec attention, demeura convaincu que ces gens avaient formé quelque complot contre lui pour obtenir la récompense promise à ceux qui le mettraient à mort.

— Mes bons amis, leur dit-il, comme nous ne nous connaissons pas encore beaucoup, vous passerez devant, et nous vous suivrons de près.

— Vous n'avez aucun motif de nous soupçonner, répondit un de ces hommes.

— Aussi me gardé-je bien de le faire, répliqua le roi; mais c'est ma manière de voyager (1).

Ces hommes obéirent, et ils continuèrent leur route comme le roi l'avait ordonné, jusqu'à ce qu'ils arrivassent près d'une grande chaumière en ruines. Les compagnons de voyage de Bruce lui proposèrent alors d'apprêter une partie du mouton qu'ils portaient. Bruce accueillit cette proposition avec plaisir; mais il insista pour que l'on allumât deux feux séparés aux deux extrémités de la cabane, l'un pour son frère de lait et pour lui, et l'autre pour eux trois. Ces hommes firent ce qu'il désirait. Ils firent griller un quartier de mou-

(1) Chant III du *Lord des Iles*. — Éd.

ton pour eux, et en donnèrent un autre à Bruce et à son compagnon. Ils n'avaient ni pain ni sel; mais, comme ils mouraient de faim, ce n'était pas le moment d'être très-difficiles, et ils n'en firent pas moins un excellent repas.

Cependant le roi ne tarda pas à éprouver un assoupissement insurmontable, et, quelque danger qu'il courût, il ne put résister au besoin de dormir. Il dit à son frère de lait de veiller pendant qu'il reposerait un moment; car ses nouvelles connaissances lui inspiraient de violens soupçons. Celui-ci lui promit d'avoir l'œil au guet, et il fit tous ses efforts pour tenir sa promesse, mais à peine le roi était-il assoupi, que son frère de lait tomba lui-même dans un profond sommeil, car le malheureux était aussi fatigué que son maître. Quand les trois misérables les virent endormis, ils se firent des signes entre eux, et, se levant en même temps, ils tirèrent leurs épées pour les tuer tous les deux. Mais le roi ne dormait pas profondément, et le peu de bruit qu'ils firent suffit pour l'éveiller. En un moment il fut debout, mit l'épée à la main, et s'avança sur eux. En même temps il poussa du pied son frère de lait pour le tirer de son assoupissement. Celui-ci se leva avec promptitude; mais avant qu'il eût pu distinguer ce qui se passait, un des assassins lui porta un coup mortel. Le roi courut alors le plus grand danger de perdre la vie : il était seul contre trois. Cependant sa force prodigieuse et son armure le sauvèrent encore, et il tua les trois hommes l'un après l'autre. Il sortit alors de la chaumière, profondément affligé de la mort de son fidèle serviteur, et se dirigea vers le lieu qu'il avait donné pour rendez-vous à toute sa troupe lorsqu'elle s'était dispersée. Il était presque nuit lorsqu'il arriva près de la ferme où ses compagnons devaient le rejoindre. Il entra hardiment, et trouva la vieille maîtresse de la ferme, Écossaise jusqu'au fond de l'ame, qui était assise toute seule. En apercevant un étranger elle lui demanda ce qu'il voulait. Le roi lui répondit qu'il était un voyageur qui parcourait le pays.

— Tous les voyageurs sont les bien-venus ici, répondit la bonne femme, et cela pour l'amour de l'un d'eux.

— Et quel est donc celui pour l'amour duquel vous recevez bien tous les voyageurs? demanda le roi.

— C'est notre roi légitime, Robert Bruce, répliqua la vieille femme; c'est le véritable seigneur du pays, celui-là; et bien qu'on le poursuive aujourd'hui comme une bête fauve avec des limiers et des cors, j'espère vivre assez pour le voir régner sur toute l'Écosse.

— Puisque vous l'aimez tant, ma bonne dame, lui dit le roi, apprenez qu'il est devant vous. Je suis Robert Bruce.

— Vous! s'écria-t-elle au comble de la surprise; et pourquoi êtes-vous seul? Où sont tous vos gens?

— Je n'en ai aucun avec moi pour le moment, répondit le roi : il faut donc bien que je voyage seul.

— Il n'en sera pas ainsi, interrompit-elle ; car j'ai deux braves garçons qui sont robustes, et auxquels on peut se fier. Ils seront vos serviteurs à la vie et à la mort.

Alors elle appela ses deux fils, et, quoiqu'elle sût bien à quels dangers ils allaient être exposés, elle leur fit jurer fidélité au roi ; et ils devinrent par la suite deux de ses principaux officiers.

Pendant que la bonne femme s'occupait de préparer le souper de Bruce, un grand bruit de chevaux se fit entendre autour de la maison. On crut d'abord que c'était quelque parti ennemi ou peut-être John de Lorn lui-même, et la fermière ordonna à ses deux fils de prendre leurs armes et de défendre leur roi jusqu'à leur dernier soupir. Mais bientôt après Robert reconnut la voix du Bon Lord James de Douglas et celle d'Édouard Bruce son frère, qui, d'après les instructions que Bruce leur avait données en les quittant, arrivaient à la ferme avec cent cinquante cavaliers.

Robert fut enchanté de revoir son frère et son fidèle ami Lord James ; et à peine se retrouva-t-il à la tête d'un corps aussi considérable, qu'il oublia qu'il était exténué de fatigue et de besoin ; il demanda de quel côté s'étaient dirigés les ennemis qui l'avaient poursuivi si long-temps ; — car, dit-il, comme ils doivent nous croire tout-à-fait dispersés et en pleine déroute, il est probable que leur sécurité est entière, et qu'ils n'auront pas pris la précaution de rester réunis ni de faire autour d'eux une garde bien exacte.

— Cela est si vrai, répondit Douglas, que j'ai traversé un village où ils ont mis en garnison à peu près deux cents hommes qui n'ont point posé une seule sentinelle; et si nous voulons partir en diligence, nous pouvons les surprendre cette nuit même, et leur causer plus de mal qu'ils n'ont pu nous en faire pendant toute leur journée de chasse.

Ils se mirent en route sans perdre un instant, et se dirigèrent vers le village que Douglas leur avait désigné. Ils y entrèrent brusquement, attaquèrent leurs ennemis à l'improviste, et les taillèrent en pièces avant que ceux-ci eussent le temps de prendre les armes.

A peine le bruit de ce succès se fut-il répandu, que des soldats vinrent en foule se ranger sous ses ordres, et il remporta plusieurs victoires sur Aymer de Valence, sur lord Clifford et sur plusieurs autres généraux, de sorte que les Anglais n'osèrent plus s'aventurer comme auparavant en rase campagne avant d'avoir rassemblé toutes leurs forces. Ils crurent plus prudent de se tenir tranquilles dans les villes et dans les châteaux qui leur servaient de garnison, et d'attendre que le roi d'Angleterre vînt encore une fois à leur secours.

CHAPITRE VII.

DES EXPLOITS DE DOUGLAS ET DE RANDOLPH.

Lorsque Édouard Ier apprit que les Écossais s'étaieut révoltés encore une fois, il se répandit en menaces contre ceux qu'il traitait de rebelles, et se dirigea, comme je vous l'ai déjà dit, vers les frontières du pays insurgé. Mais il était déjà vieux et infirme ; et pendant qu'il faisait ses préparatifs de guerre il tomba malade, et, après avoir langui quelque temps, mourut, le 6 juillet 1307, à trois milles tout au plus de l'Écosse. Sa haine contre ce pays était si invétérée, que des idées de vengeance semblèrent l'occuper jusque sur son lit de mort. Il fit promettre à son fils de ne pas conclure de paix avec l'Écosse qu'elle ne fût entièrement soumise. Il donna aussi des instructions détaillées sur ce qu'on devait faire de son corps, et elles sont tout-à-fait singulières : il ordonna qu'on le fît bouillir jusqu'à ce que les os se séparassent de la chair, et qu'alors on les enveloppât dans une peau de taureau, et qu'on les portât à la tête de l'armée anglaise chaque fois qu'elle marcherait contre les Écossais. Il les avait battus tant de fois, il leur avait fait tant de mal, qu'il lui semblait que ses ossemens mêmes devaient les frapper de terreur. Son fils, Édouard II, n'exécuta pas cet ordre bizarre, et il fit enterrer son père dans l'abbaye de Westminster, où l'on voit encore sa tombe, qui porte cette inscription : CI-GIT LE MARTEAU DE LA NATION ÉCOSSAISE (1). Et en effet il n'était que trop vrai que pendant sa vie il avait écrasé les Écossais sous ses coups, comme un marteau brise tout ce qu'il frappe.

Édouard II était un prince faible, qui était bien loin de posséder la bravoure et les talens de son père; il ne fit que paraître en Écosse à la tête de la nombreuse armée qu'Édouard I*er* avait rassemblée, et il se retira aussitôt sans avoir même combattu, ce qui encouragea beaucoup le parti de Bruce.

Plusieurs nobles écossais prirent alors les armes, se déclarèrent pour le roi Robert, et attaquèrent les Anglais dans leurs garnisons. Le plus célèbre était le Bon Lord James Douglas, dont nous avons déjà parlé. Quel-

(1) *Malleus Scotorum.* — ÉD.

ques-uns de ses exploits les plus mémorables se rapportent à son château de Douglas, forteresse importante dont les Anglais s'étaient rendus maîtres. Douglas voyait avec un vif déplaisir l'habitation de sa famille entre les mains de ses ennemis, qui y rassemblaient une foule de bestiaux et d'immenses provisions de blé, de vin, d'ale, enfin de tout ce dont les troupes anglaises pouvaient avoir besoin. Douglas résolut, s'il était possible, de se venger du commandant de la garnison et de ses soldats.

Pour mettre ce projet à exécution, il se déguisa, et se rendit chez un de ses anciens serviteurs, nommé Dickson, sur la bravoure et la fidélité duquel il pouvait compter. Il dressa aussitôt ses batteries pour s'emparer du château. On était à la veille d'une grande fête, le dimanche des Rameaux. Ce jour-là les Anglais, qui étaient alors de la religion catholique, se rendaient en procession à l'église, en portant des rameaux verts à la main. Au moment où les Anglais, sortis du château, entraient dans l'église, un des compagnons de lord James cria de toutes ses forces, *Douglas! Douglas!* C'était le cri de guerre de cette famille lorsqu'elle marchait au combat. Thomas Dickson et quelques amis qu'il avait rassemblés tirèrent aussitôt leurs épées, et tuèrent les premiers Anglais qu'ils rencontrèrent; mais comme le signal avait été donné trop tôt, Dickson fut renversé et mis à mort.

Presque au même instant Douglas et sa petite troupe pénétrèrent dans l'église ; les Anglais essayèrent de se défendre; mais, attaqués à l'improviste et n'étant pas sur leurs gardes, ils furent presque tous tués ou faits prisonniers, et cela si promptement et avec si peu de bruit, que leurs compagnons qui étaient restés au château n'eurent pas le moindre soupçon de ce qui se passait. Aussi, lorsque Douglas et ses Écossais s'approchèrent de la porte du château, ils la trouvèrent ouverte, et ceux des soldats qui étaient restés dans la forteresse étaient occupés à préparer le dîner de leurs camarades. Lord James rentra dans son château sans difficulté, et il fit honneur, ainsi que sa troupe, au repas qui était destiné à ses ennemis. Douglas n'osa pourtant pas y rester, de crainte que les Anglais ne vinssent en force pour l'assiéger. Mais avant de partir il voulut détruire toutes les provisions que les Anglais avaient rassemblées, pour que du moins le château ne leur offrit plus aucunes ressources.

Furieux de la mort de Dickson, il accomplit ce dessein de la manière la plus cruelle et la plus révoltante. Il fit briser toutes les tonnes qui contenaient du blé et des grains de toute espèce, versa sur le plancher tout ce qu'elles contenaient; puis, défonçant les muids de vin et d'ale, il les vida par-dessus; et enfin il fit massacrer tous ses prisonniers et jeter leurs corps tout sanglans dans cet affreux mélange, que ses soldats appelaient par dérision le *garde-manger* de Douglas; ensuite il fit jeter des chevaux morts dans le puits pour en corrompre l'eau; après quoi il mit le feu au château, qu'il abandonna, et se retira avec sa troupe dans les forêts et les montagnes. — Il aimait mieux, disait-il, entendre le chant de l'alouette que le cri des souris, c'est-à-dire qu'il préférait se trouver en rase campagne que de se renfermer dans un château.

Lorsque Clifford, le général anglais, eut appris ce qui était arrivé, il vint occuper le château de Douglas à la tête d'un corps considérable, fit rebâtir les fortifications que Douglas avait détruites, et nettoyer le puits; puis il donna le commandement de cette place importante à un brave soldat, nommé Thirlwall, en lui recommandant de bien se tenir sur ses gardes; car il soupçonnait que lord James viendrait encore l'attaquer. En effet Douglas, qui ne pouvait supporter de voir des Anglais dans le château de ses pères, avait résolu de saisir la première occasion qui se présenterait pour traiter cette garnison comme il avait traité l'autre. Dans ce dessein il eut recours à un stratagème : il mit une partie de ses troupes en embuscade dans le bois; et, d'après ses instructions, quatorze de ses compagnons partirent déguisés en paysans, et passèrent devant les portes du château, en conduisant de nombreux troupeaux. Dès que Thirlwall les aperçut, il jura qu'il allait tomber sur ces Écossais et leur ravir leurs bestiaux, et, dans ce dessein, il sortit à la tête d'une grande partie de sa garnison. Tout en les poursuivant, il avait dépassé le lieu où Douglas se tenait en embuscade, lorsque tout à coup les Écossais jetèrent leurs manteaux de paysans, se montrèrent tout armés, et, poussant le cri de guerre des Douglas, se retournèrent, et attaquèrent brusquement les Anglais surpris. Avant que Thirlwall eût pu se mettre en défense, il entendit derrière lui le même cri de guerre, et il vit Douglas qui sortait avec tous les siens de son embuscade. Thirlwall fut tué en combattant bravement, au milieu de ses ennemis, et il n'y eut que bien peu de ses soldats qui purent regagner le château.

Lorsque lord James se fut défait de cette manière des deux Anglais nommés successivement gouverneurs de son château, et qu'on sut qu'il avait fait vœu de se venger de tous ceux qui oseraient occuper le domaine de ses pères, personne ne se soucia de ce poste, et en Angleterre comme en Écosse on ne le désignait plus que sous le nom du périlleux château de Douglas, par allusion aux dangers que les Anglais y couraient.

Vous saurez, maître Littlejohn, que dans ces temps de guerre une femme n'aurait jamais voulu d'un époux qui n'eût pas été brave et vaillant, de sorte qu'un lâche, quelle que fût d'ailleurs sa naissance et sa richesse, était l'objet du mépris général. Les dames étaient donc dans l'usage de demander à leurs amans des preuves de leur bravoure, et les chevaliers qui voulaient plaire aux dames cherchaient à se signaler par quelques faits d'armes extraordinaires pour se montrer dignes de leur choix.

Il y avait alors en Angleterre une jeune dame que bien des seigneurs et des chevaliers avaient demandée en mariage à cause de ses grands biens et de son extrême beauté. Un jour elle réunit chez elle dans un banquet magnifique tous ceux qui prétendaient à sa main; et après le festin elle se leva, et leur dit que les sentimens qu'ils manifestaient pour elle l'honoraient beaucoup, mais que, comme elle ne voulait pour époux qu'un homme d'un courage à toute épreuve, elle avait formé la résolution de ne donner sa main qu'à celui qui saurait défendre le château de Douglas contre les Écossais pendant un an et un jour. A cette déclaration, les chevaliers baissèrent la tête et gardèrent le silence, car si la dame était riche et belle, il était bien dangereux d'encourir le ressentiment du Bon Lord de Douglas. Enfin un jeune et brave chevalier, nommé sir John Wilton, se leva vivement, et dit que, pour l'amour de celle qui l'ordonnait, il était prêt à occuper le Château-Périlleux pendant un an et un jour, si le roi y donnait son consentement, Édouard l'accorda sans peine, et il fut charmé de trouver quelqu'un qui consentît à se charger d'un pareil poste.

Wilton se maintint dans le château pendant quelque temps; mais enfin Douglas ayant réussi, par une ruse nouvelle, à l'attirer en rase campagne avec une partie de sa garnison, il l'attaqua à l'improviste et tailla ses soldats en pièces. Sir John fut tué lui-même, et l'on trouva dans sa poche une lettre de sa maîtresse. Douglas se montra sensible à son malheur, et au lieu de faire périr ses prisonniers, suivant sa coutume barbare, il leur laissa la vie, et les renvoya sains et saufs à la garnison anglaise la plus voisine.

Douglas n'était pas le seul qui montrât un pareil acharnement contre les Anglais. D'autres seigneurs puissans imitaient son exemple, et de ce nombre était sir Thomas Randolph, dont la mère était sœur du roi Robert. Il s'était réuni à son oncle lorsque celui-ci avait pris les armes. Ensuite, ayant été fait prisonnier lors de la défaite de Bruce à Methven, Randolph fut obligé, pour conserver sa vie, de se joindre aux Anglais. Il leur resta si constamment attaché, qu'il était avec Aymer de Valence et John de Lorn lorsqu'ils forcèrent Bruce de disperser ses soldats pour échapper à leur poursuite. Dans cette occasion Randolph fit même prisonnier le porte-étendard de son oncle, et s'empara de sa bannière. Plus tard il fut pris lui-même dans une maison abandonnée, par le Bon Lord James Douglas, qui le remit entre les mains du roi. Celui-ci reprocha à son neveu d'avoir déserté sa cause, et Randolph, qui était d'un naturel bouillant et emporté, répondit avec tant de hauteur, que Robert l'envoya en prison. Bientôt après pourtant l'oncle et le neveu se réconcilièrent, et Randolph, créé comte de Murray par Robert, devint un de ses plus fermes soutiens. Il y avait entre Douglas et lui une sorte de rivalité à qui se distinguerait par les faits d'armes les plus hardis et les entreprises les plus hasardeuses. Je vais vous en raconter une ou deux pour vous montrer à quels dangers terribles étaient exposés les braves guerriers qui se dévouaient à la cause de l'Écosse, et qui voulaient chasser de son sein les usurpateurs.

Pendant que Robert prenait graduellement possession de toutes les provinces, Édimbourg, la capitale de l'Écosse, restait avec son château au pouvoir des Anglais. Sir Thomas Randolph désirait ardemment s'emparer de cette place importante ; mais, comme vous le savez parfaitement, le château est bâti sur un rocher si haut et si escarpé, qu'il est presque impossible d'arriver au pied des murailles, et à plus forte raison de les franchir (1).

Tandis que Randolph ne savait quel moyen imaginer, un gentilhomme écossais nommé Francis, qui s'était rangé sous l'étendard de Bruce, demanda à lui parler en secret. Il lui apprit que dans sa jeunesse il avait habité le château d'Édimbourg, dont son père était gouverneur ; qu'il aimait alors une jeune personne qui habitait la partie de la ville située sous le château, qu'on appelle Grass-Market, et que, comme il ne pouvait sortir le jour pour aller voir sa maîtresse, il avait trouvé le moyen de descendre la nuit le long du roc presque perpendiculaire du côté du sud ; qu'après le rendez-vous il remontait de la même manière, et qu'il se servait d'une échelle pour franchir le rempart, qui en cet endroit n'était pas très-élevé, ceux qui l'avaient construit regardant le rocher comme inaccessible. Francis avait parcouru tant de fois cette route périlleuse, qu'il la connaissait parfaitement, et quoique bien des années se fussent écoulées depuis lors, il assura Randolph qu'il était sûr de conduire une petite troupe d'hommes déterminés jusqu'au pied du rempart, qu'ils pourraient escalader avec des échelles. Le grand danger était d'être découvert par les sentinelles pendant

(1) Voyez les *Vues pittoresques d'Écosse.* — Éd.

qu'ils graviraient le rocher; car alors leur perte était certaine.

Cependant Randolph n'hésita pas à tenter l'aventure. Il prit avec lui trente hommes qu'il choisit parmi les plus actifs et les plus courageux de sa troupe, et il se rendit par une nuit obscure au pied du rocher, qu'ils commencèrent à gravir sous la conduite de Francis, qui, s'aidant des pieds et des mains, atteignait une pointe du roc, la redescendait, en tournait une autre, et avançait peu à peu par un chemin où quelquefois il pouvait à peine se soutenir, et qui semblait plutôt fait pour des chats que pour des hommes. Les trente soldats le suivirent l'un après l'autre, gardant le plus profond silence et marchant avec les plus grandes précautions; car il n'eût fallu que la chute d'une pierre ou une parole imprudente pour donner l'alarme aux sentinelles.

Lorsqu'ils furent arrivés presque en haut du rocher, ils entendirent les soldats qui faisaient une ronde pour voir si tout était tranquille autour du château. Randolph et ses compagnons n'avaient pas d'autre parti à prendre que de rester immobiles chacun à leur place, dans l'espoir que les Anglais passeraient sans les apercevoir. Tandis qu'ils étaient dans cet état pénible, sans même oser respirer, ils eurent un nouveau sujet de terreur. Un des soldats de la garnison, voulant effrayer ses camarades qui faisaient la ronde, jeta une pierre du haut du mur, en s'écriant : — Ah! ah! je vous vois! La pierre roula avec fracas tout contre Randolph et sa

petite troupe, qui naturellement se crurent découverts.
S'ils avaient fait le moindre mouvement ou le plus léger
bruit, ils étaient perdus, car les soldats anglais auraient
pu les exterminer jusqu'au dernier, seulement en précipitant sur eux des quartiers de rocher. Mais comme
ils étaient tous d'un courage et d'un sang-froid à toute
épreuve, ils ne laissèrent pas échapper un mot, et les
soldats anglais, pensant que leur camarade avait voulu
leur jouer un tour, comme cela était réellement, s'éloi-
gnèrent sans pousser plus loin leurs recherches.

Alors Randolph et ses compagnons recommencèrent
à gravir le rocher, atteignirent le rempart, qui en cet
endroit n'avait pas plus de deux fois la hauteur d'un
homme; ils plantèrent les échelles qu'ils avaient appor-
tées, et Francis s'élança le premier pour leur montrer
le chemin. Un brave chevalier nommé sir André Grey
le suivit immédiatement, Randolph monta le troisième,
et les autres vinrent ensuite. Une fois dans l'intérieur
du château, le reste alla tout seul; car les soldats de la
garnison étaient plongés dans un profond sommeil, à
l'exception des sentinelles, qui furent bientôt tuées.
Ainsi fut pris le château d'Edimbourg en 1312-13.

Ce n'était pas seulement par les efforts soutenus des
grands et puissans barons comme Randolph et Douglas
que l'Écosse devait reconquérir son indépendance. Les
braves fermiers et les bons paysans, qui ne tenaient pas
moins à leurs chaumières que les nobles à leurs châteaux, et qui avaient tout autant à cœur la liberté, con-
coururent pour leur bonne part à l'affranchissement

de l'Ecosse. Je vais vous en donner une preuve parmi beaucoup d'autres.

Il y avait près de Linlithgow ou Lithgow (1), comme on prononce plus généralement ce nom, un château-fort occupé par une garnison anglaise, destinée à protéger les troupes répandues dans le pays qu'elles opprimaient. Non loin de cette forteresse demeurait un fermier, homme brave et vigoureux, qui voyait avec joie les avantages que les Ecossais remportaient chaque jour sur leurs ennemis. Cet homme, qui s'appelait Binnock, voulut faire aussi quelque chose pour seconder ses compatriotes, en s'emparant, s'il était possible, du château de Lithgow. L'entreprise offrait des difficultés. Cette forteresse, située sur un lac, était défendue non-seulement par une porte qui restait fermée aux étrangers, mais encore par une herse. On donne ce nom à une espèce de grille faite avec des barreaux de fer placés en croix, que l'on remonte au moyen de poulies; au moindre signal de danger on la laisse retomber, et les pointes de fer qui la terminent percent tout ce qui se trouve en-dessous. On conçoit facilement que dans une alarme soudaine on puisse abaisser une herse, lors même qu'il n'est plus possible de fermer les portes. Binnock le savait très-bien; mais il trouva le moyen de rendre aussi la herse inutile lorsqu'il attaquerait le château.

Il rassembla quelques braves et robustes paysans, et

(1) Voyez les *Vues pittoresques d'Écosse*, et le chant III de *Marmion*. — Éd.

les décida sans peine à l'aider dans son entreprise, qu'il exécuta comme nous allons le voir. Binnock fournissait ordinairement du foin au château, et le gouverneur de Lithgow lui avait donné ordre d'en amener quelques charrettes, dont on avait besoin. Il promit ce qu'on lui demandait; et la nuit avant de porter le foin au château, il fit cacher sa petite troupe, armée aussi bien que possible, près de l'entrée, dans un endroit où la garnison ne pouvait les apercevoir; elle devait accourir à son secours lorsqu'elle l'entendrait crier : — A moi! à moi! Alors Binnock chargea de foin une énorme charrette, y cacha huit hommes vigoureux bien armés, qui se couchèrent à plat-ventre, et qu'il couvrit de foin pour les dérober à tous les yeux. Il marchait lui-même d'un air indolent derrière la voiture, et il avait choisi pour la conduire le plus brave et le plus robuste de ses serviteurs, qui portait une forte hache à sa ceinture. Binnock arriva de très-bonne heure au château, et la sentinelle, qui ne vit que deux hommes amenant une charrette de foin qu'on attendait, ouvrit les portes et leva la herse pour les laisser passer. Mais à peine la charrette fut-elle sous la porte, que Binnock fit un signe à son valet, qui saisit sa hache et coupa le *soam* (1) ou joug auquel étaient attachés les chevaux. Ceux-ci partirent au grand trot dès qu'ils se sentirent en liberté, tandis que la charrette resta à la même place. Au même instant Binnock cria de toutes ses forces : — à moi! à moi! et tirant l'épée qu'il tenait cachée sous ses habits

---

(1) Ces mots, que l'auteur explique lui-même en les conservant, sont empruntés à la langue des chroniques écossaises. — Éd.

de paysan, il tua le concierge. Les hommes armés qui étaient sous le foin s'élancèrent à terre, et se jetèrent sur les Anglais. Ceux-ci essayèrent de fermer les portes; mais la charrette arrêtée sous la voûte les en empêcha. Ils laissèrent tomber la herse; mais les pointes de fer s'enfoncèrent dans le foin, et ne purent arriver jusqu'à terre. Les paysans que Binnock avait mis en embuscade accoururent au signal convenu pour secourir leurs braves camarades; le château fut pris, et tous les Anglais tués ou faits prisonniers. Le roi Robert récompensa Binnock en lui donnant un vaste domaine, qui resta pendant long-temps dans sa famille.

Peut-être, mon enfant, êtes-vous fatigué de toutes ces histoires; je vais cependant vous raconter encore comment le grand et important château de Roxburgh fut repris sur les Anglais, et puis nous passerons à d'autres sujets.

Il faut que vous sachiez que Roxburgh était alors un vaste château, situé près du confluent de la Tweed et du Teviot, c'est-à-dire à l'endroit où ces deux rivières se confondent. Comme il ne se trouvait qu'à cinq ou six milles des frontières, les Anglais tenaient beaucoup à le conserver, et les Écossais, par la même raison, ne tenaient pas moins à le reprendre. Voici comment ils y parvinrent.

On était dans les jours gras, que les catholiques célébraient alors par de grandes fêtes et de grandes réjouissances. C'était le dimanche soir; une partie de la garnison de Roxburgh était occupée à boire et à se divertir ; cependant on avait placé des sentinelles sur les remparts, de peur de quelque attaque imprévue ; car les Écossais avaient réussi dans un si grand nombre de tentatives semblables, qu'on était obligé de faire bonne garde, d'autant plus qu'on savait que Douglas était dans les environs.

La femme d'un des officiers anglais, assise sur le rempart avec son enfant dans ses bras, regardait par hasard dans la plaine, quand elle aperçut quelque chose de noir qui semblait s'approcher des fossés, et qui ressemblait assez à un troupeau de bœufs. Elle le montra à la sentinelle et lui demanda ce que c'était : — Bah ! bah ! c'est le troupeau d'un tel, répondit le soldat en nommant un fermier des environs du château ; le brave homme fait son dimanche gras, et il a oublié de faire rentrer ses bœufs dans leur étable. Si Douglas vient à passer par-là, il se repentira de sa négligence.

La vérité est que ce qu'ils apercevaient du haut des remparts n'était pas un troupeau de bœufs, mais bien Douglas et ses soldats, qui avaient mis de grands manteaux noirs par-dessus leurs armes, et qui se traînaient sur les pieds et sur les mains, afin de pouvoir, sans être remarqués, s'approcher assez du château pour pouvoir planter des échelles contre le mur. La pauvre femme, qui n'en savait pas davantage, resta tranquillement sur le rempart, et se mit à chanter pour amuser son enfant. Je dois vous dire que le nom de Douglas était devenu si terrible aux Anglais, que les femmes s'en servaient pour effrayer les petits garçons qui n'étaient pas sages, et elles leur disaient que, s'ils ne se taisaient pas, Douglas-le-Noir allait venir les prendre. La jeune femme chantait précisément cette chanson :

> *Hush ye, hush ye, little pet ye*
> *Hush ye, hush ye, do not fret ye,*
> *Te Black Douglas thall not get ye.*

> Paix ! paix ! ne pleure pas !
> Paix ! cher petit, dors dans mes bras !
> Douglas-le-Noir ne viendra pas.

— Vous n'en êtes pas bien sûre, dit une voix à son oreille. En même temps elle sentit une lourde main armée d'un gantelet qui s'appuyait sur son épaule, et, s'étant retournée, elle aperçut un grand homme tout basané, debout derrière elle : c'était Douglas-le-Noir en personne, le sujet de sa chanson. Au même instant un autre guerrier franchissait le mur près de la sentinelle. Celle-ci donna l'alarme, et voulut frapper de sa lance l'Écossais, qui se nommait Simon Ledehouse; mais Simon para le coup, et s'élançant sur le soldat anglais, il le tua d'un coup de poignard. Le reste des Écossais accourut au secours de Douglas et de Ledehouse, et le château fut pris. Une partie de la garnison fut mise à mort, mais Douglas protégea la jeune femme et son enfant. Je suis bien sûr qu'elle ne s'amusa plus à chanter la chanson de Douglas-le-Noir.

Tandis que Douglas, Randolph et d'autres patriotes intrépides prenaient des forteresses aux Anglais, le roi

Robert, qui était alors à la tête d'une armée considérable, parcourait le pays et dispersait tout ce qu'il rencontrait d'Anglais sur son passage. Il pénétra dans le nord, soumit la grande et puissante famille des Comyn, qui conservait une haine invétérée contre lui à cause du meurtre qu'il avait commis sur la personne de leur parent Comyn-le-Roux dans l'église de Dumfries. Ils s'étaient joints aux Anglais avec toutes leurs forces; mais lorsque les Écossais commencèrent à prendre le dessus, ils en furent cruellement punis. Bruce en fit décapiter plus de trente en un seul jour, et le lieu où ils furent enterrés est appelé « le Tombeau des Comyn-Sans-Têtes. »

Robert Bruce n'avait pas oublié non plus John de Lorn qui l'avait battu à Dalry et qui avait failli le prendre, grace au courage des Mac-Androssers, ses vassaux, et qui ensuite l'avait poursuivi comme une bête fauve avec des limiers. Lorsque John de Lorn apprit que le roi marchait contre lui, il espéra pouvoir se défendre en se rendant maître d'un défilé fort étroit situé sur le flanc de l'une des plus grandes montagnes de l'Écosse, le Ben-Cruachan (1). Ce passage se trouvait donc resserré entre des rochers escarpés d'un côté, et de profonds précipices de l'autre, au bas desquels se trouvait le grand lac appelé Lochawe, de sorte que John de Lorn se croyait parfaitement en sûreté, puisqu'il ne

---

(1) C'est au pied de cette montagne que Walter Scott a placé dans son dernier roman la hutte de la veuve des Highlands. Voyez les *Vues pittoresques d'Écosse*. — Éd.

pouvait être attaqué que de front et par un sentier presque impraticable. Mais lorsque le roi connut la position de ses ennemis, il ordonna à Douglas de prendre avec lui un détachement d'archers armés à la légère, et de tourner la montagne en faisant un long circuit du côté du nord, de manière à tomber sur les derrières de la troupe de John de Lorn, tandis que lui-même l'attaquerait par-devant. Douglas, arrivé à l'endroit désigné, donna le signal convenu ; aussitôt le roi s'avança sur le front de l'armée de Lorn, qui, défiant Robert par des cris insultans, fit pleuvoir une grêle de flèches et rouler d'énormes pierres. Mais lorsque Douglas et ses archers les attaquèrent par-derrière, ils perdirent aussitôt courage et prirent la fuite. Un grand nombre périt dans les précipices hérissés de rochers, d'autres furent noyés dans le lac et dans la rivière qui y prend sa source. John de Lorn s'échappa seul dans une barque qu'il avait fait tenir toute prête sur le lac. Telle fut la vengeance que tira de lui Robert, qui s'empara en outre d'une grande partie de ses possessions.

Il ne restait plus aux Anglais de place de quelque importance en Écosse, à l'exception de Stirling, qui était assiégé ou plutôt bloqué par Édouard Bruce, frère du roi. Bloquer une ville ou un château, c'est l'entourer de manière à ce qu'on ne puisse venir du dehors y apporter des provisions. Philippe Mowbray, qui commandait cette forteresse, croyant qu'il allait être réduit à la dernière extrémité faute de vivres, proposa à Édouard de s'engager à lui ouvrir les portes du château s'il n'était pas secouru par le roi d'Angleterre avant le milieu de l'été. Sir Édouard consentit à cet arrangement, et permit à Mowbray d'aller à Londres faire part au roi de cette capitulation. Lorsque Robert apprit ce que son frère avait fait, il pensa qu'il avait commis une grande imprudence, puisque c'était s'exposer à avoir à combattre toutes les forces réunies d'Édouard, qui avait sous sa domination l'Angleterre, l'Irlande, le pays de Galles et une grande partie de la France, et qui, par conséquent, pouvait rassembler dans cet intervalle une armée bien supérieure à celle que Robert Bruce fût parvenu à réunir quand bien même l'Écosse entière eût été réunie sous sa domination. Sir Édouard répondit à son frère avec son audace habituelle : — Que le roi d'Angleterre amène ici tous ses soldats, nous les battrons, fussent-ils encore plus nombreux. Le roi ne put s'empêcher d'admirer son courage, tout téméraire qu'il était. — Puisqu'il en est ainsi, mon frère, lui dit-il, soutenons bravement le combat. Rassemblons tous ceux qui nous aiment et qui désirent la liberté de l'Écosse ; qu'ils viennent avec tous les hommes dont ils pourront disposer, et qu'ils nous aident à repousser le roi d'Angleterre, s'il vient avec son armée au secours de Stirling.

CHAPITRE VIII.

BATAILLE DE BANNOCKBURN (1).

Édouard II, ainsi que nous l'avons déjà dit, était loin de posséder les grandes qualités de son père : c'était un prince sans caractère, qui se laissait gouverner par d'indignes favoris, et qui était beaucoup plus occupé de ses plaisirs que du gouvernement de son royaume. Édouard Ier serait entré en Écosse à la tête d'une nombreuse armée, sans laisser le temps à Bruce de reprendre une si grande étendue de pays; mais nous avons vu qu'heureusement pour les Écossais ce prince,

---

(1) Cinquième et sixième chants du *Lord des Iles*. — Éd.

BATAILLE DE BANNOCKBURN.

auquel, malgré son ambition, on ne peut refuser de la prudence et du courage, mourut au moment de marcher contre eux. Son fils, après lui, s'occupa peu de la guerre d'Écosse, et il perdit ainsi l'occasion de vaincre Bruce lorsqu'il n'avait encore qu'un parti peu considérable. Mais lorsque sir Philippe Mowbray vint à Londres pour annoncer au roi que la ville de Stirling, dont il était gouverneur, la dernière place importante qui restât au pouvoir des Anglais, devait être livrée à l'ennemi au milieu de l'été si de là elle n'était secourue, alors toute la noblesse anglaise s'écria que ce serait une honte ineffaçable de laisser tomber entre les mains des Écossais, par une inaction coupable, toutes les belles conquêtes d'Édouard Ier. Il fut donc décidé que le roi se rendrait lui-même en Écosse avec les forces les plus imposantes qu'il serait possible de réunir.

Édouard II rassembla une des armées les plus nombreuses qu'un roi d'Angleterre eût jamais commandées; il lui vint des troupes de toutes les parties de ses vastes domaines : de l'Irlande, du pays de Galles, et aussi des belles provinces que le roi d'Angleterre possédait en France. Tous les grands barons, tous les nobles de l'Angleterre, accompagnés de leurs vassaux, vinrent se ranger sous ses étendards. Cette armée formidable ne s'élevait pas à moins de cent mille hommes.

Lorsque Robert Bruce apprit les grands préparatifs de guerre que faisait Édouard II, il convoqua toute sa noblesse, qui s'empressa de se joindre à lui. Cependant, malgré l'enthousiasme général, les Écossais étaient bien inférieurs en nombre à leurs ennemis, puisque leur armée n'était pas de plus de trente mille hommes, et ils étaient moins bien armés que les riches Anglais ; mais, en revanche, Robert, qui était à leur tête, était un des plus grands généraux de son temps. Son frère Édouard, son neveu Randolph, son fidèle Douglas, et une foule d'autres braves capitaines, commandaient les mêmes hommes qui avaient remporté tant de victoires sous leurs ordres, malgré le désavantage du nombre et de la position.

Le roi chercha à suppléer par l'adresse à ce qui lui manquait sous le rapport de la force. Il connaissait la supériorité de la cavalerie anglaise, plus considérable et mieux montée que la sienne, et celle des archers anglais, dont la réputation s'était répandue dans tout l'univers. C'étaient deux avantages précieux pour ses ennemis ; il résolut de les paralyser. Dans ce dessein ; il conduisit son armée dans une plaine près de Stirling, appelée le Parc. Pour y arriver, l'armée anglaise devait nécessairement passer sur un sol humide et marécageux, rempli de fondrières, tandis que les Écossais occupaient un terrain sec et uni. Robert fit creuser une multitude de trous de deux pieds de profondeur à peu près sur tout le front de sa ligne de bataille, à l'endroit où il était probable que la cavalerie ennemie donnerait. Ces trous furent remplis de légères broussailles qu'on recouvrit de gazon, de sorte que le terrain paraissait uni, tandis que, par le fait, il était rempli de trous aussi nombreux que les cellules d'un rayon de miel. Robert fit aussi semer au même endroit des espèces de pièges appelés chausse-trappes pour enferrer les hommes, et les chevaux. Lorsque son armée fut rangée en bataille, elle formait une ligne qui allait du nord au sud. Du côté du sud, elle était appuyée sur une rivière nommée Bannockburn, dont les bords sont si rocailleux, qu'il était impossible que des troupes pussent venir l'attaquer par là. Au nord, l'armée écossaise s'étendait presque jusqu'à la ville de Stirling. Bruce passa ses troupes en revue avec la plus scrupuleuse attention ; les valets inutiles, les conducteurs de chariots, et tous les gens de cette espèce qui se trouvaient en grand nombre, reçurent l'ordre de se retirer derrière une hauteur nommée Gillies-Hill, c'est-à-dire le rocher des serviteurs. Alors le roi harangua ses soldats, et leur dit qu'il était résolu à mourir sur le champ de bataille ou à remporter la victoire ; que s'il en était parmi eux qui ne fussent pas prêts à verser jusqu'à la dernière goutte de leur sang, ils eussent à quitter leurs rangs et à se retirer; qu'il ne voulait conserver que ceux qui, comme lui, voulaient vaincre ou mourir, suivant qu'il plairait à Dieu d'en décider.

Lorsque son principal corps d'armée fut rangé en ordre de bataille, le roi plaça Randolph avec un corps de cavalerie, près de l'église de Saint-Ninian, et lui recommanda d'empêcher à tout prix que des secours ne pénétrassent dans la ville de Stirling. En même temps il dépêcha James de Douglas et sir Robert Keith pour surveiller les mouvemens de l'armée anglaise, qui avait déjà passé Falkir. Ils revinrent dire au roi que la marche de cette armée était un des plus beaux et des plus terribles spectacles qu'on pût voir ; que toute la contrée paraissait couverte d'hommes armés à pied et à cheval; que les étendards, les bannières, les pennons, tous drapeaux de différens genres, flottaient en si grand nombre dans les airs, que l'armée la plus brave et la plus nombreuse de la chrétienté n'aurait pu voir sans terreur s'avancer contre elle des forces aussi formidables.

Ce fut le 23 juin 1314 que le roi d'Écosse reçut la nouvelle que les Anglais s'approchaient de Stirling. Il fit placer son armée selon l'ordre de bataille qu'il avait adopté d'avance. Au bout de quelques instans, Bruce, qui attendait avec autant d'anxiété que d'impatience que l'ennemi parût, aperçut un corps de cavalerie qui cherchait à pénétrer dans Stirling du côté de l'est. C'était lord Clifford, qui, à la tête de huit cents cavaliers d'élite, avait été détaché pour secourir le château. — Voyez, Randolph, dit le roi à son neveu, voilà une rose de moins à votre couronne. Il voulait dire par ces paroles que Randolph avait perdu de sa gloire en laissant passer l'ennemi, lorsqu'il avait reçu l'ordre de tout faire pour l'en empêcher. Randolph ne répondit rien, mais il s'élança à la poursuite de Clifford avec un corps de troupes qui n'était pas la moitié de celui qu'il allait combattre; encore les Écossais étaient-ils à pied. Les Anglais se retournèrent pour les charger avec leurs longues lances. Randolph fit serrer les rangs pour les recevoir. Il semblait alors dans un danger si imminent, que Douglas demanda au roi la permission d'aller le soutenir, mais Bruce la refusa.

BATAILLE DE BANNOCKBURN.

— Laissez Randolph réparer sa faute, dit-il; je ne puis changer pour lui mon plan de bataille. Cependant la position de Randolph parut devenir plus critique encore, et la cavalerie ennemie semblait cerner entièrement sa petite troupe. — Sous votre bon plaisir, dit Douglas au roi, je ne puis voir froidement périr Randolph sous mes yeux; je vole à son secours. En disant ces mots, il partit au grand galop; mais bien avant qu'il fût arrivé au lieu du combat, il vit les chevaux anglais s'enfuir de tous côtés, la plupart la selle vide.

— Halte! dit Douglas à sa troupe; Randolph est vainqueur. Puisque nous ne sommes pas arrivés à temps pour lui donner un coup de main, ne diminuons pas sa gloire en nous approchant du champ de bataille. Il y avait dans cette conduite d'autant plus de noblesse, que Douglas et Randolph étaient rivaux et cherchaient par tous les moyens possibles à l'emporter l'un sur l'autre dans l'estime du roi et de la nation.

Cependant l'avant-garde de l'armée anglaise commençait à se montrer, et une troupe des plus braves chevaliers s'avança pour examiner la position des Écossais. Ils virent le roi Robert, couvert de son armure; une couronne d'or, qu'il portait sur son casque, le faisait aisément reconnaître. Il ne montait pas encore son grand cheval de bataille, parce qu'il ne prévoyait pas combattre le soir même; mais il parcourait les rangs de son armée sur un de ces petits chevaux d'Écosse qu'on appelle *poneys*, et il portait à la main une petite hache d'armes. Lorsqu'il vit s'approcher les chevaliers anglais, il s'avança un peu hors des rangs pour les examiner de plus près. Au nombre de ces chevaliers il s'en trouvait un, nommé sir Henry de Bohun, qui pensa que c'était une occasion excellente de s'illustrer à jamais, et de terminer la guerre en tuant le roi Robert, qui était mal monté et qui n'avait pas de lance. Il courut donc sur lui au grand galop, ne doutant pas qu'avec son vigoureux coursier et sa longue lance il ne renversât aisément son ennemi. Robert le vit venir, et attendant qu'il fût très près, il détourna légèrement son cheval, et il évita ainsi la pointe de l'arme de sir Henry, qui, une fois lancé, allait le dépasser malgré lui; mais à l'instant même le roi, se levant sur ses étriers, lui assena sur la tête un coup de hache si terrible, qu'il brisa son casque comme s'il eût été de verre, et le renversa de son cheval. Il était mort avant d'avoir touché la terre. Cet acte de bravoure fut blâmé par tous les chefs écossais, qui dirent au roi qu'il n'aurait pas dû s'exposer ainsi, lorsque le salut de toute l'armée reposait sur sa tête. Le roi pour toute réponse dit, en jetant les yeux sur son arme, que la force du coup avait endommagée: — J'ai gâté ma bonne hache d'armes.

Le lendemain 24 juin le combat s'engagea sérieusement dès la pointe du jour. Les Anglais, en s'avançant, virent les ennemis en bataille. L'abbé d'Inchaffray parcourait leurs rangs pieds nus, et les exhortait à combattre vaillamment pour leur liberté. Ils s'agenouillaient sur son passage, et priaient Dieu de leur accorder la victoire. A ce spectacle Édouard s'écria : — Ils se mettent à genoux! ils demandent pardon! — Oui, répondit un célèbre baron anglais, nommé Ingelram d'Umphraville; mais c'est à Dieu qu'ils le demandent, et non à nous. Ces gens-là remporteront la victoire ou mourront sur la place.

Le roi d'Angleterre donna ordre de commencer l'attaque. Ses archers bandèrent leurs arcs, et se mirent à tirer avec tant de rapidité et de précision, que les flèches tombaient comme la neige un jour de Noël. Beaucoup d'Écossais furent tués, et peut-être que, comme à Falkirk, les archers eussent décidé la victoire, si Bruce, qui avait prévu ce danger, ne les eût fait charger par un corps de cavalerie d'élite qu'il tenait en réserve dans cette intention, et qui s'avança sur eux au grand galop. Ces archers n'avaient pour toute arme que leur arc et leurs flèches, qui leur devenaient inutiles lorsqu'on les attaquait corps à corps. Les cavaliers écossais en tuèrent un grand nombre et dispersèrent le reste.

La superbe cavalerie anglaise s'approcha alors pour soutenir les archers et attaquer l'armée écossaise. Mais parvenus à l'endroit où le sol était rempli de trous et de fossés, les chevaux s'abattirent, et leurs cavaliers, tombant les uns sur les autres, furent tués sans pouvoir se défendre ni se relever, accablés comme ils l'étaient sous le poids de leur armure. Le désordre se mit dans les rangs de l'armée anglaise, et le roi d'Écosse, profitant du moment, les attaqua avec toutes ses forces réunies.

Un événement bizarre décida la journée. Les domestiques et les conducteurs écossais s'étaient retirés, comme je vous l'ai dit, derrière Gillies-Hill. Mais lorsqu'ils virent que leurs maîtres allaient remporter la victoire, ils s'armèrent de tout ce qu'ils trouvèrent sous leurs mains, et sortirent de leur retraite, afin d'avoir aussi leur part de gloire et de butin. Les Anglais, les voyant débusquer tout à coup, prirent ce ramas confus pour un corps d'armée qui venait soutenir les Écossais, et perdant tout courage ils ne songèrent plus qu'à se sauver de leur mieux. Édouard lui-même s'enfuit du champ de bataille à bride abattue. Douglas, à la tête d'un corps de cavalerie, le poursuivit jusqu'à Dunbar : Patrick, comte de March, gouverneur de cette ville, qui tenait encore pour les Anglais, recueillit Édouard, et lui procura un bateau de pêcheur sur lequel ce prince réussit à gagner l'Angleterre.

Jamais, ni avant ni depuis cette époque, les Anglais ne perdirent de bataille plus complète que celle de Bannockburn, et jamais les Écossais ne remportèrent de victoire plus éclatante. Une foule de seigneurs et de gentilshommes, l'élite de la noblesse d'Angleterre, restèrent sur le champ de bataille ; un plus grand nombre encore furent faits prisonniers ; en un mot, toute cette armée du roi d'Angleterre, la plus belle qu'on eût encore vue, fut entièrement détruite ou dispersée. Après cette grande défaite, bien loin d'être en état de soutenir leurs droits prétendus sur le royaume d'Écosse, ni d'envoyer des armées pour le soumettre, comme ils l'avaient fait pendant près de vingt ans, les Anglais réussirent à peine à défendre leurs frontières contre Robert Bruce et ses vaillans soldats.

BATAILLE DE BANNOCKBURN.

Il se livra plusieurs batailles sur le sol de l'Angleterre, et dans toutes les Écossais eurent l'avantage. La plus célèbre eut lieu à Mitton, dans le comté d'York ; tant de prêtres prirent part à cette affaire, que les Écossais la nommèrent le Chapitre de Mitton. On appelle chapitre le corps des chanoines d'une cathédrale. Le sang coula à grands flots pendant et après la bataille, et les Écossais dévastèrent le pays jusqu'aux portes mêmes d'York. Ils avaient alors une supériorité marquée sur leurs anciens ennemis, qui, si récemment encore, avaient voulu leur imposer le joug de l'Angleterre.

Ce fut ainsi que Robert Bruce, d'exilé qu'il avait été, poursuivi comme un malfaiteur ou comme un animal dangereux, s'éleva au rang de souverain indépendant, et fut universellement reconnu pour un des plus sages et des plus vaillans rois qu'il y eût alors. La nation écossaise, de province conquise et opprimée, devint un état libre, régi par ses propres lois et gouverné par ses princes légitimes. Si, après la mort de Bruce, l'Ecosse eut encore beaucoup à souffrir des hostilités des Anglais, et plus encore des guerres civiles qui déchirèrent son sein, jamais, du moins, elle ne perdit cette liberté à laquelle Wallace avait sacrifié sa vie, et que le roi Robert avait recouvrée autant par sa sagesse que par ses armes. Il est donc juste que, tant que l'Écosse existera, elle conserve un souvenir religieux de ces braves guerriers et de ces fidèles patriotes.

CHAPITRE IX.

EXPLOITS D'ÉDOUARD BRUCE, DE DOUGLAS, DE RANDOLPH, COMTE DE MURRAY. — MORT DE ROBERT BRUCE.

Vous ne serez sans doute pas fâché d'apprendre, mon enfant, ce que devint Édouard, ce frère de Robert Bruce qui était si brave et en même temps si téméraire. Il faut que vous sachiez qu'à cette époque l'Irlande avait été presque entièrement conquise par les Anglais. Fatigués de leur domination, une grande partie des chefs irlandais invitèrent Édouard Bruce à venir se mettre à leur tête pour chasser les Anglais, et devenir leur roi. Ces propositions lui plurent assez; car il était entreprenant, ambitieux, et désirait ardemment se battre pour se faire un grand nom. Édouard Bruce avait autant de bravoure que son frère; mais il était loin de posséder la même prudence, la même circonspection; car à l'exception du meurtre de Comyn-le-Roux, cruauté inutile qu'on ne peut lui pardonner, Robert Bruce s'était toujours montré aussi sage que courageux. Il eût vu avec plaisir son frère, qui avait toujours combattu si vaillamment pour lui, devenir roi d'Irlande. Aussi résolut-il de le seconder de tout son pouvoir, et non-seulement il lui fournit des troupes pour appuyer ses prétentions, mais il passa lui-même en Irlande à la tête d'un corps considérable. Les deux frères remportèrent plusieurs victoires et pénétrèrent assez avant dans le pays; mais les Anglais avaient des forces si nombreuses, et les Irlandais se rangeaient en si grand nombre sous leurs drapeaux, au lieu d'accourir dans les rangs écossais, comme Édouard et Robert s'en étaient flattés, qu'ils se virent contraints de renoncer à leur entreprise.

Le général anglais, sir Édouard Butler, capitaine d'un grand mérite, marchait à la tête d'une armée bien plus nombreuse que celle des Écossais, qui, chaque matin, étaient obligés, pour éviter d'être accablés par le nombre, de reculer devant leurs ennemis.

Je vous ai souvent dit que le roi Robert était un sage et bon prince. Pendant cette retraite il se montra, surtout dans une circonstance, humain et compatissant. Pressé par les Anglais et les Irlandais réunis, l'armée écossaise avait reçu ordre un matin de battre en retraite avec le plus de célérité possible; car c'eût été le comble de l'imprudence que de risquer le combat contre des forces si supérieures, et au milieu d'un pays qui s'était déclaré contre eux. Tout à coup, au moment où Robert allait monter à cheval, il entendit une femme qui poussait des cris de désespoir. — Qu'est-ce que c'est? demanda le roi. On lui répondit qu'une pauvre blanchisseuse, qui venait d'accoucher et qui était encore trop faible pour pouvoir suivre l'armée, allait être laissée en arrière. Cette malheureuse femme se désespérait à l'idée de tomber entre les mains des Irlandais, dont on racontait mille cruautés. On n'avait aucun moyen de transports pour emmener la pauvre mère et son enfant, il fallait donc les abandonner.

Le roi Robert garda un moment le silence; il était partagé entre la pitié que lui inspirait cette infortunée et la crainte de compromettre le salut de son armée en faisant faire halte. A la fin, jetant sur tous ses officiers des regards étincelans de courage et d'enthousiasme: — De par le ciel! s'écria-t-il, il ne sera pas dit qu'un homme qui doit la vie à une femme, qui a été nourri par elle, a laissé une mère et son enfant à la merci de barbares. Oui, j'en prends Dieu à témoin, quoi qu'il arrive, je combattrai Édouard Butler plutôt que de laisser derrière moi ces infortunées créatures. Que l'armée se range donc en bataille et que pour le moment il ne soit plus question de retraite.

Cette généreuse résolution eut un singulier résultat. Le général anglais, qui savait que Robert était l'un des plus grands capitaines de l'époque, voyant qu'il s'arrê-

tait pour lui offrir le combat, s'imagina qu'il avait reçu
des renforts considérables et n'osa l'attaquer. Ainsi
Bruce eut tout le temps d'aviser aux moyens de faire
transporter la pauvre femme et son enfant en Ecosse,
et de combiner ensuite le plan de ses opérations.

Malheureusement des affaires pressantes le rappelèrent dans son royaume, et il fut obligé de laisser
Édouard tenter seul la conquête de l'Irlande. Celui-ci,
aussi imprudent que brave, livra bataille contre l'avis
de ses meilleurs officiers à sir Piers de Birmingham, général anglais. Les Écossais furent cernés de toutes parts,
mais ils n'en continuèrent pas moins à se défendre vaillamment. Édouard donnait l'exemple, en combattant
au premier rang. Enfin un chevalier anglais, nommé
John Maupas, attaqua vivement Édouard. Ils se battirent avec un tel acharnement, qu'ils se portèrent réciproquement des coups mortels. Après la bataille on
trouva Maupas étendu sur le corps de son ennemi: l'un
et l'autre avaient cessé d'exister. Après la mort d'É-
douard Bruce, les Écossais renoncèrent à la conquête
de l'Irlande.

Robert Bruce continua de régner avec gloire pendant plusieurs années, et il battit si constamment les
Anglais, que ceux-ci parurent avoir cédé à leurs voisins
leur ancienne supériorité. Mais il est bon que vous vous
rappeliez qu'Édouard II, qui régnait alors en Angleterre, était un prince faible et frivole, qui n'était entouré que de conseillers pervers. Il n'est donc pas
étonnant qu'il n'ait jamais pu résister à un général aussi

brave et aussi habile que Robert Bruce, qui avait appris la guerre à l'école de l'adversité, et qui devait sa couronne à son courage et à sa persévérance.

Pendant la dernière année de son règne Robert tomba dans un état d'épuisement complet. Il était attaqué d'une cruelle maladie nommée la lèpre, qu'il avait gagnée dans sa jeunesse, lorsqu'il s'était vu si souvent obligé de se cacher dans les bois et dans les marais sans trouver un toit pour abriter sa tête. Il habitait alors un château sur les bords charmans de la Clyde, près de son embouchure. Son plus grand plaisir était de descendre le fleuve jusqu'à la mer sur une petite chaloupe qu'il avait fait équiper exprès. Il n'était plus en état de monter sur son cheval de bataille, ni de mener des troupes au combat.

Pendant que Robert était dans cet état de faiblesse et de souffrance, Édouard II, roi d'Angleterre, mourut, et son fils Édouard III lui succéda. Il devint par la suite un des plus braves et des plus grands rois de l'Angleterre; mais il était très-jeune alors, et sous la tutelle de sa mère, qui se laissait gouverner entièrement par un indigne favori nommé Mortimer.

La guerre continuait toujours entre l'Angleterre et l'Écosse. Robert donna le commandement de ses troupes à ses deux grands capitaines, le Bon Lord James Douglas et Thomas Randolph, comte de Murray. Ils partirent avec l'ordre de pénétrer dans les comtés de Northumberland et de Durham, pour y faire aux Anglais tout le mal possible. Les forces des Écossais montaient à peu près à vingt mille hommes, tous armés à la légère et montés sur des chevaux de petite taille, mais pleins d'ardeur et de force. Chaque Écossais portait avec lui pour toutes provisions un petit sac de farine d'avoine; à l'arçon de sa selle était attachée une petite assiette de fer appelée *girdle* (1), qui lui servait à cuire son avoine pour en faire des galettes. Ils tuaient les bœufs qu'ils trouvaient dans les champs, en grillaient la chair avec des broches de bois, ou bien ils la faisaient cuire dans la peau même de l'animal, en l'arrosant un peu d'eau pour que la peau ne brûlât pas. Vous voyez qu'ils ne poussaient pas très-loin l'art de la cuisine. Ils n'étaient pas plus recherchés dans leur chaussure : ils faisaient eux-mêmes leurs souliers, ou plutôt leurs sandales; c'étaient tout simplement des bandes de cuir de bœuf, qu'ils coupaient à peu près de la forme de leurs pieds, et qui montaient sur la cheville, à peu près comme ce qu'on appelle aujourd'hui petites guêtres. Comme dans ces sortes de brodequins le poil de l'animal se trouvait en dessus, les Anglais appelaient ceux qui les portaient les Écossais au pied rude (*Rough-Footed Scots*), et quelquefois aussi, par allusion à la couleur de cette chaussure, les Jambes-Rouges (*Red-Shanks*).

Comme l'armée écossaise ne traînait à sa suite ni provisions ni munitions d'aucune espèce, elle passait avec une célérité extraordinaire de montagne en mon-

(1) En écossais; car en anglais *girdle* signifie *ceinture*. — Éd.

tagne, de vallée en vallée, pillant et ravageant tout sur sa route. Le jeune roi d'Angleterre se mit à sa poursuite à la tête d'une nombreuse armée; mais la nécessité de se faire suivre par des bagages considérables et la lenteur obligée des mouvemens des cavaliers couverts de leurs pesantes armures retardaient tellement sa marche, qu'il lui était impossible d'atteindre les Écossais, bien que chaque jour on pût apercevoir la fumée des villages et des maisons qu'ils avaient incendiés. Le roi d'Angleterre ne pouvait contenir sa fureur; à peine âgé de seize ans, il brûlait déjà de combattre les Écossais, et de se venger du mal qu'ils faisaient à son peuple. Enfin son impatience devint telle, qu'il offrit une grande récompense à celui qui pourrait lui apprendre d'une manière précise où se trouvaient ses audacieux ennemis.

Déjà l'armée anglaise avait beaucoup souffert du manque de provisions et de ses marches forcées à travers les montagnes, les bruyères et les marais, lorsqu'un gentilhomme nommé Rokeby arriva dans le camp pour réclamer la récompense que le roi avait promise. Ayant été fait prisonnier par les Ecossais, il leur avait entendu dire qu'ils désiraient la bataille tout autant qu'Édouard lui-même; et en conséquence il guida l'armée anglaise jusqu'à l'endroit où les Écossais étaient campés.

Cependant le roi d'Angleterre n'en était guère plus avancé. Douglas et Randolph, connaissant les forces supérieures des Anglais, avaient pris position sur une colline escarpée, au pied de laquelle coulait une rivière profonde dont le lit était rempli de grosses pierres, de sorte que, pour attaquer les Écossais, il fallait traverser cette rivière, et gravir ensuite la montagne sous les yeux de l'ennemi ; entreprise trop hasardeuse pour qu'il fût même possible de la tenter.

Le jeune roi se décida à envoyer un défi aux généraux écossais, leur offrant l'option ou de retirer leurs troupes pour lui donner le temps de traverser la rivière et de ranger son armée en bataille sur l'autre bord, ou bien de venir au contraire de son côté, s'engageant dans ce cas à les laisser passer sans obstacle, pour que du moins ils pussent se battre à chances égales et en rase campagne. Randolph et Douglas ne firent que rire de ce message. Ils répondirent que lorsqu'ils livreraient bataille ce serait à leur bon plaisir, et non à celui du roi d'Angleterre. Ils lui rappelèrent ironiquement que, depuis qu'ils étaient sur le territoire anglais, ils avaient fait assez ce qui leur avait plu, comme il en pouvait juger par le ravage et l'incendie de ses campagnes. Si cette conduite déplaisait au roi, il n'avait qu'à s'y prendre de son mieux pour traverser la rivière et venir combattre.

Édouard, bien décidé à ne pas perdre de vue les Écossais, établit son camp de l'autre côté de la rivière, afin de surveiller tous leurs mouvemens. Il espérait que le manque de provisions les forcerait bientôt à quitter le poste favorable qu'ils occupaient ; mais les Écossais donnèrent au roi une nouvelle preuve de la célérité de leur marche, en partant au milieu de la nuit pour aller prendre une autre position encore plus forte et d'un abord plus difficile que la première. Édouard les suivit, et s'établit de nouveau en face de ses dangereux et adroits ennemis. Il n'avait pas perdu l'espoir de les engager à lui livrer bataille, et alors il se croyait sûr de la victoire, ayant une armée une fois plus nombreuse que les Écossais, et composée tout entière de soldats d'élite.

Pendant que les deux armées se trouvaient ainsi en présence, Douglas résolut de donner au jeune roi une leçon dans l'art de la guerre. Au milieu de la nuit il quitta son camp à la tête d'une petite troupe de deux cents cavaliers tout au plus, mais tous aguerris et bien armés. Il traversa la rivière en silence et arriva jusqu'au camp des Anglais, qui était gardé avec une grande négligence. Lorsqu'il s'en fut assuré, Douglas passa devant les sentinelles comme s'il eût été un officier anglais. — De par saint George! leur dit-il, vous ne montez pas bien la garde par ici. A cette époque les Anglais juraient toujours par saint George, comme les Écossais par saint André. Un moment après, Douglas entendit un soldat étendu près du feu qui disait à son camarade: — Je ne sais ce qui va nous arriver; mais, pour ma part, j'ai bien peur que Douglas-le-Noir ne nous joue quelque tour. — Je te ferai voir tout à l'heure que tes craintes étaient fondées, pensa celui-ci.

Lorsque, sans être découvert, lord James fut arrivé au milieu du camp, il tira son épée, et coupant brusquement les cordes d'une tente, il poussa son cri de guerre : — Douglas ! Douglas ! scélérats d'Anglais, vous êtes tous morts ! A ces mots les Écossais renversèrent les tentes, se jetèrent sur leurs ennemis, et en tuèrent un grand nombre avant que ceux-ci eussent pu saisir leurs armes.

Douglas se fraya un passage jusqu'au pavillon du roi, et fut bien près de faire ce jeune prince prisonnier au milieu de sa grande armée; mais l'aumônier d'Édouard et plusieurs des officiers de sa maison s'armèrent à la hâte et opposèrent une vigoureuse résistance pendant que le roi s'échappait en se glissant à terre sous la toile de sa tente. L'aumônier et plusieurs officiers furent tués; mais l'alarme s'était répandue dans le camp, toutes les troupes avaient pris les armes. Douglas, obligé de se retirer, s'y décida, mais ce fut en se faisant jour à travers les Anglais du côté opposé à celui par lequel il était arrivé. Dans la confusion de cette attaque nocturne, Douglas, séparé de ses gens, courut grand danger d'être tué par un Anglais, qui l'attaqua avec une énorme massue. Il parvint à lui ôter la vie, mais avec une peine extrême; et alors, donnant du cor pour rappeler ses cavaliers, qui l'entourèrent bientôt, il revint dans son camp, n'ayant éprouvé qu'une perte très-légère.

Édouard, très-mortifié de l'insulte qu'il avait reçue, n'en désira que plus ardemment de châtier ses audacieux ennemis, et l'un d'entre eux du moins ne demandait pas mieux que de lui fournir une occasion de vengeance : c'était Randolph, comte de Murray. Lorsqu'il revit Douglas, il lui demanda ce qu'il avait fait. — Nous leur avons tiré un peu de sang, répondit celui-ci. — Ah! s'écria le comte, si nous avions été tous ensemble cette nuit les attaquer, nous aurions pu les tailler en pièces. — C'est possible, répliqua Douglas, mais le risque était trop grand. — Alors combattons-les donc en bataille rangée, dit Randolph; car si nous discutons ici plus long-temps, nous mourrons bientôt de faim, faute de provisions. — Non pas, reprit encore Douglas; il faut faire avec cette grande armée ce que le renard fit avec le pêcheur dans la fable. — Et que fit-il? demanda le comte de Murray. Alors Douglas lui raconta l'histoire suivante.

— Un pêcheur, dit-il, avait construit une hutte sur le bord d'une rivière, afin de pouvoir pêcher tout à son aise. Un beau soir il sortit pour aller visiter ses filets, et laissa un peu de feu dans sa cabane. Lorsqu'il revint il aperçut un renard qui s'était introduit chez lui, et qui prenait la liberté de manger un des plus beaux saumons qu'il eût pêchés. — Ah! ah! monsieur le voleur, s'écria le pêcheur en tirant son épée et en se plaçant à l'entrée de sa chaumière pour empêcher le renard de s'échapper; votre dernière heure est venue. Le pauvre animal regarda de tous côtés après quelque trou par lequel il pût se sauver, mais n'en apercevant aucun, il saisit avec ses dents un manteau qui était étendu sur le lit, et le traîna jusque dans le feu. Le pêcheur courut tirer son manteau de la cheminée; pendant ce temps le renard se sauva par la porte avec le saumon. C'est en employant ainsi la ruse que nous échapperons à cette grande armée, sans risquer une bataille où nous aurions trop de désavantage.

Randolph se rendit aux conseils de Douglas. Les Écossais allumaient le soir de grands feux dans le camp, criant, donnant du cor, faisant le même bruit qu'à l'ordinaire, pour faire croire aux Anglais qu'ils y passaient toute la nuit. Mais en même temps Douglas avait fait couper une route à travers un profond marécage de deux milles de longueur qui était derrière eux, et qu'il eût été impossible de passer sans cela. Au milieu de la nuit, Douglas et Randolph se retirèrent par ce passage dont les Anglais ne soupçonnaient pas même l'existence, et reprirent avec toutes leurs troupes le chemin de l'Écosse. Les Anglais furent bien surpris le lendemain matin lorsqu'ils virent le camp de leurs ennemis abandonné, et qu'ils n'y trouvèrent que deux ou trois prisonniers anglais attachés à des arbres et chargés de ce message insultant pour le roi d'Angleterre, — que, s'il n'était pas content de ce qu'ils avaient fait, il n'avait qu'à venir s'en venger en Écosse.

C'était dans la forêt de Weardale, qui fait partie de l'évêché de Durham, que les Écossais avaient établi leur fameux camp, et la route qu'ils pratiquèrent pour se retirer s'appelle encore aujourd'hui le Marais-Rasé (*Shorn-Moss*).

La paix fut conclue bientôt après, et à des conditions très-honorables pour l'Écosse; car le roi d'Angleterre renonça à ses prétentions à la souveraineté de ce pays, et donna en mariage à David, fils de Robert

Bruce, la princesse Jeanne, sa sœur. Ce traité, très-avantageux aux Écossais, fut appelé le traité de Northampton, parce qu'il fut conclu dans cette ville en l'année 1328.

Robert ne survécut pas long-temps à cet heureux événement. Il n'avait encore que cinquante-quatre ans, mais son tempérament était affaibli par la maladie et par les fatigues sans nombre de sa jeunesse, et, son état de souffrances augmentant chaque jour, Bruce vit bien qu'il était perdu et que jamais sa santé ne se rétablirait. Il fit venir auprès de lui les nobles et les conseillers en qui il avait le plus de confiance. Il leur dit que maintenant qu'il était sur son lit de mort, il se repentait de toutes ses fautes, et surtout du crime qu'il avait commis en tuant Comyn-le-Roux dans l'église et devant l'autel. Il ajouta que, s'il avait vécu, son intention était d'aller à Jérusalem pour combattre les Sarrasins qui occupaient la Terre-Sainte; mais que, puisque la mort l'empêchait d'accomplir son projet, il priait le plus brave de ses guerriers, le plus cher de ses amis, le Bon Lord James Douglas, de porter son cœur en Palestine.

Pour que vous compreniez bien le sens de cette prière, mon enfant, il faut que vous sachiez que les Sarrasins étaient un peuple qui croyait au faux prophète Mahomet, et qui avait conquis Jérusalem et les autres villes dont il est parlé dans les saintes Écritures; de sorte que les chrétiens de l'Europe qui s'y rendaient en pèlerinage étaient insultés et maltraités par ces païens. De là vint qu'une foule de chrétiens partirent de tous les royaumes de l'Europe pour aller les combattre, croyant rendre un grand service à la religion et obtenir de Dieu le pardon de toutes leurs fautes en prenant part à ce qu'ils appelaient une sainte guerre.

Vous devez vous rappeler que Bruce avait eu l'idée de passer en Palestine lorsqu'il désespérait de recouvrer la couronne d'Écosse; maintenant il désirait que son cœur fût porté à Jérusalem après sa mort, et c'était lord James de Douglas qu'il priait de s'en charger. Ce fut en versant des larmes bien amères que lord James accepta cette dernière preuve de l'amitié et de la confiance de Bruce.

Le roi expira bientôt après, et son cœur fut embaumé, c'est-à-dire rempli d'épices et de parfums, pour le préserver de la corruption, et déposé par Douglas dans une boîte d'argent qu'il portait suspendue à son cou par un cordon d'or et de soie. Alors il se mit en route pour la Terre-Sainte, suivi des guerriers les plus braves et les plus renommés de l'Écosse, qui, pour témoigner leur attachement et leur reconnaissance pour leur bon roi Robert Bruce, avaient résolu d'accompagner son cœur jusqu'à Jérusalem. Il eût bien mieux valu pour leur pays qu'ils fussent restés dans son sein pour le défendre; car bientôt il eut un grand besoin de leur secours.

Douglas ne put d'ailleurs arriver au terme de son voyage. Il s'était arrêté en Espagne, où la guerre régnait entre les chrétiens et les Maures. Osmyn, sultan de Grenade, venait d'envahir le royaume d'Alphonse, roi de Castille. Celui-ci accueillit Douglas avec les plus grands honneurs, et le peuple accourait de toutes parts pour voir ce guerrier si fameux, dont le nom avait retenti dans tout le monde chrétien. Le roi Alphonse n'eut pas de peine à lui persuader que ce serait servir efficacement la cause de sa religion que de l'aider à chasser les Sarrasins de Grenade avant de se rendre à Jérusalem. En effet, lord Douglas et ses compagnons prirent part à une grande bataille contre Osmyn, et ils mirent facilement en fuite le corps des Sarrasins qui leur était opposé. Mais ne connaissant pas la manière de combattre de la cavalerie de l'Orient, ils se laissèrent emporter trop loin à leur poursuite, et les Maures, voyant leurs ennemis dispersés et séparés les uns des autres, se retournèrent en poussant leur cri de guerre, *Allah! allah! allah!* et entourèrent ceux des chevaliers et écuyers écossais qui s'étaient trop avancés.

Dans cette nouvelle escarmouche, Douglas aperçut sir William Saint-Clair de Roslyn, entouré de plusieurs Maures, qui lui portaient de tous côtés des coups de sabre qu'il parait avec une valeur héroïque. — Ce brave chevalier va être massacré, s'écria Douglas, s'il n'est promptement secouru. En disant ces mots il courut à son secours de toute la vitesse de son cheval; mais il fut bientôt assailli à son tour. Voyant que ses nombreux ennemis le serraient de trop près pour qu'il lui fût possible de s'échapper, il détacha de son cou le cœur de Bruce, et lui parlant comme il eût parlé au roi s'il eût vécu : — Marche le premier au combat comme tu l'as toujours fait, lui dit-il : Douglas te suivra ou saura mourir. Alors lançant son précieux dépôt au milieu des ennemis, il s'y précipita lui-même, et tomba bientôt percé de mille coups. Son cadavre fut trouvé étendu sur la boîte d'argent, comme si sa dernière pensée eût été de défendre le cœur de son roi.

Le Bon Lord James de Douglas fut un des guerriers les plus habiles et les plus braves qui aient jamais tiré l'épée. Il se trouva à soixante-dix batailles, sur lesquelles il en perdit treize et en gagna cinquante-sept. Les Anglais l'accusaient de cruauté. On prétend, en effet, qu'il portait une telle haine aux archers anglais, que lorsqu'il en faisait un prisonnier, il ne le relâchait qu'après lui avoir fait crever l'œil droit ou couper l'index de la main droite. Sa conduite, à l'époque de la prise de son château, et l'histoire du *garde-manger* de Douglas, sont aussi des taches pour sa mémoire. On ne peut les expliquer qu'en songeant à l'animosité qui existait alors entre les deux nations, et au ressentiment que lui causa la mort de son fidèle serviteur Dickson. Dans d'autres occasions, il se montra bon et humain pour ses prisonniers. Les historiens écossais peignent le Bon Lord James comme un homme qui ne se laissait point abattre par les revers et que la prospérité n'éblouit jamais. Doux et modeste en temps de paix, c'était un lion sur le champ de bataille ; il était grand, vigoureux, bien fait, avait le teint basané et les cheveux très bruns, ce qui lui avait fait donner le surnom de Douglas-le-Noir. Malgré le nombre immense de batailles auxquelles il s'était trouvé, il n'avait reçu aucune blessure à la figure. Un brave chevalier espagnol qu'il vit à la cour d'Alphonse, et dont la figure était couverte de cicatrices que lui avaient faites les cimeterres des Maures, s'étonnait de n'en voir aucune sur le front de Douglas. — Je rends grace à Dieu, répondit modestement celui-ci, d'avoir permis à mes mains de garantir toujours ma figure. Un grand nombre des compagnons de Douglas furent tués dans le combat où il périt lui-même. Les autres résolurent de ne pas continuer leur voyage et de revenir en Écosse. Depuis lors les Douglas ont toujours porté sur leurs boucliers un cœur sanglant, surmonté d'une couronne, en mémoire de cette expédition de lord James en Espagne (1). A cette époque les chevaliers peignaient sur leurs écus des emblèmes qui servaient à les faire reconnaître sur le champ de bataille, lorsque leur visage était caché par les visières de leurs casques; et maintenant que l'on ne porte plus d'armure dans les combats, les familles qui ont des armes particulières les font graver sur leurs cachets ou sur leur argenterie ou les font peindre sur leurs voitures.

Ainsi, par exemple, parmi les braves chevaliers qui accompagnèrent Douglas, il s'en trouvait un nommé sir Simon Lockhard de Lee, qui fut chargé après la mort de celui-ci de rapporter le cœur de Bruce en Écosse. Ce chevalier prit dans la suite pour devise et grava sur son bouclier un cœur fermé par un cadenas,

---

(1) C'est à cet emblème qu'il est souvent fait allusion dans la *Dame du Lac* et autres poëmes de sir Walter Scott. — ÉD.

en mémoire du cœur de Bruce qui était renfermé dans la boîte d'argent. Pour la même raison le nom de sir Simon changea; on ne l'appela plus Lockhard, mais *Lockheart* (1), et tous ses descendans s'appellent encore Lockhart aujourd'hui. Ne connaissez-vous personne de ce nom, M. Hugh Littlejohn (2)?

Les chevaliers écossais qui avaient échappé aux sabres des Maures revinrent dans leur pays, rapportant le cœur de Robert et les ossemens du Bon Lord James. Ce fut dans l'église de Sainte-Brigite, où s'était passée la scène du dimanche des Rameaux et où Dickson avait péri, que furent ensevelis les restes de Douglas. Le cœur du roi fut déposé au pied du maître-autel de l'abbaye de Melrose; quant à son corps, il avait été enterré dans l'église de Dunfermline; une tombe de marbre indiquait l'endroit où il reposait. Mais dans la suite l'église tomba en ruines, le toit s'écroula, le monument fut brisé, et personne ne sut dire quelle place il avait occupée. Ce ne fut que bien peu de temps avant que maître Hugh Littlejohn vînt au monde, c'est-à-dire il y a six ou sept ans environ, qu'en réparant l'église de Dunfermline on trouva dans les décombres un fragment de la tombe de Robert Bruce. On creusa davantage dans l'espoir de découvrir le corps de ce monarque célèbre, et enfin on aperçut le squelette d'un

---

(1) *Lock* en anglais veut dire *serrure*, et *heart*, *cœur*. — Tr.

(2) Il est peut-être inutile de rappeler ici que l'enfant auquel cette histoire est racontée est le fils de M. Lockhart, gendre de sir Walter Scott. — Tr.

homme de grande taille que l'on reconnut pour celui du roi Robert, d'abord parce qu'il avait été enveloppé dans un linceul de drap d'or dont plusieurs lambeaux étaient encore attachés au squelette, et ensuite parce que la poitrine conservait encore la trace de l'ouverture qu'on avait dû y pratiquer pour en ôter le cœur.

La cour royale de l'échiquier ordonna que ces restes précieux fussent soigneusement conservés jusqu'à ce qu'on pût les déposer avec respect dans une tombe nouvelle. Le jour de cette auguste cérémonie, il y eut un concours de monde tel qu'on n'en avait jamais vu. Ce n'étaient pas seulement les seigneurs de la cour et les grandes dames qui le formaient, mais presque tous les habitans des campagnes voisines y étaient également accourus. Comme l'église ne pouvait contenir toute cette foule à la fois, il fut établi que chacun, depuis le plus riche jusqu'au plus pauvre, entrerait tour à tour pour contempler ce qui restait du grand roi Robert. Bien des larmes coulèrent à ce triste spectacle, et elles redoublaient lorsqu'on songeait que ce crâne informe et desséché avait été autrefois la tête forte et profonde qui avait conçu le projet de la délivrance de l'Écosse, et que cet os livide et décharné avait été jadis le bras vigoureux qui tua sir Henry de Bohun d'un seul coup à la face des deux armées, le soir qui précéda la bataille de Bannockburn (1).

(1) On peut voir dans le troisième vol. du *Voyage historique et littéraire en Écosse*, que sir Walter Scott avait sur sa cheminée un plâtre moulé représentant le crâne de Robert Bruce. Sir Walter Scott raconta à l'auteur de cet ouvrage, l'histoire de cette exhumation solennelle du roi *demi-dieu* de l'Écosse. — Éd.

MORT DE ROBERT BRUCE.

Plus de cinq cents ans se sont écoulés depuis que le corps de Bruce fut déposé pour la première fois dans la tombe, et depuis, combien de millions d'hommes sont morts dont les noms sont oubliés, et dont les ossemens confondus ne pourraient être distingués de ceux des plus vils animaux ! N'est-il pas doux de penser que la sagesse, le courage et le patriotisme d'un grand monarque aient conservé si long-temps son souvenir dans le cœur du peuple sur lequel il a régné. Mais, mon cher enfant, s'il est permis de désirer que notre mémoire passe de génération en génération, ce n'est que lorsqu'elle se perpétue à l'aide d'actions nobles et généreuses comme celles de Robert Bruce ; car il vaut mieux qu'un prince soit oublié comme le plus obscur paysan de son royaume que de ne marquer dans l'histoire que par des actes d'oppression ou de cruauté.

CHAPITRE X.

DU GOUVERNEMENT DE L'ÉCOSSE.

Je crains, mon cher Hugh, que ce chapitre ne vous paraisse un peu ennuyeux et assez difficile à comprendre ; mais si à la première lecture vous n'en saisissez pas tout le sens, ayez le courage de le lire une seconde fois, et vous serez plus heureux. Je vais d'ailleurs tâcher d'être aussi clair que possible.

Comme l'Écosse ne fut jamais aussi puissante que sous le règne de Robert Bruce, c'est le moment convenable pour vous apprendre quelles étaient les lois qui gouvernaient le peuple.

GOUVERNEMENT DE L'ÉCOSSE.

Il faut d'abord observer qu'il y a deux espèces de gouvernement : le gouvernement despotique ou absolu, dans lequel le roi peut faire de ses sujets tout ce qu'il veut, s'emparer de leurs biens, ou leur ôter la vie à son bon plaisir : ce gouvernement est celui de tous les royaumes de l'Orient. Les rois, les empereurs ou les sultans de ces contrées disposent de leurs sujets comme ils l'entendent, sans que personne ait le droit de contrôler les actes de leur volonté. C'est un grand malheur pour les peuples d'être gouvernés ainsi ; les hommes ne sont plus alors que des esclaves, dont les biens et la vie même appartiennent au roi, qui peut en disposer suivant son caprice. Sans doute il y a des rois sages, justes et humains, qui n'usent du pouvoir suprême qui leur est confié que pour faire le bonheur de leur peuple ; mais il en est d'autres qui sont faibles, sans caractère, et dont les méchans parviennent à force de flatteries à gagner la confiance, leur faisant commettre mille actions injustes, dont seuls ils n'auraient peut-être jamais eu l'idée. Enfin, il y a aussi de mauvais rois, qui abusent de ce pouvoir sans bornes pour persécuter leurs sujets, les priver de leurs biens, les jeter dans des cachots, leur ôter la vie, enfin exercer sur eux leur avidité et leur avarice ; ces rois sont appelés du nom odieux de tyrans.

Les états les plus heureux sont donc ceux qui ont un gouvernement libre, c'est-à-dire un gouvernement où le roi lui-même est soumis aux lois, et ne peut régner que par elle. Sous cette forme de gouvernement, le roi ne peut mettre un homme à mort que s'il est coupable de quelque crime que la loi punisse de cette peine, ni exiger de son peuple aucun impôt, excepté celui que la loi accorde pour les dépenses du royaume. Presque toutes les nations de l'Europe moderne ont eu dans l'origine des gouvernemens libres ; mais il en est chez lesquelles les rois ont acquis une autorité beaucoup trop grande, quoiqu'elle soit bien loin d'égaler celle des despotes de l'Orient. D'autres pays, entre autres la Grande-Bretagne, ont été assez heureux pour conserver une constitution libre, qui protège ceux qui vivent sous son empire contre toute oppression et tout pouvoir arbitraire. Nous la devons à nos braves ancêtres, qui se sont toujours montrés prêts à la défendre au prix de leur vie ; et c'est pour nous un devoir sacré de la transmettre intacte à nos descendans (1).

En Écosse et dans la plupart des contrées de l'Europe, les principes de la liberté étaient protégés par le système féodal qui alors était établi partout. Vous vous rappelez que, d'après ce système, le roi octroyait des terres aux nobles et aux grands barons, qui devenaient alors ses vassaux pour les fiefs ou domaines qu'ils en

---

(1) Cette profession de foi politique de la part d'un écrivain que quelques obscurs ou méchans pamphlétaires ont représenté comme un *tory* servile mérite d'être remarquée. C'est le même homme qui, dans sa *Vie de Napoléon*, si légèrement jugée sur quelques passages détachés, défend plusieurs fois la liberté de la presse comme la condition indispensable de toute monarchie légitime. Ici sir Walter Scott s'adresse à son petit-fils : on peut dire qu'il parle certainement selon son cœur et sans préparation. C'est l'expression franche et spontanée de sa conscience politique. — Éd.

GOUVERNEMENT DE L'ÉCOSSE.

avaient reçus, et qui, à ce titre, étaient tenus de le suivre à la guerre et d'assister au grand conseil où se discutaient toutes les affaires du royaume. C'était dans ce conseil, appelé aujourd'hui parlement, que les lois étaient faites ou modifiées, non pas au gré du roi, non pas au gré des membres du conseil, mais par le concours du roi et du conseil. Maintenant il faut vous apprendre comment ce grand conseil était composé, et quels étaient ceux qui jouissaient du privilège d'en faire partie.

Dans le principe, il n'est pas douteux que tous les vassaux qui tenaient leurs terres directement de la couronne n'eussent le droit, et ne fussent même obligés d'assister au grand conseil du royaume. Aussi toute la haute noblesse s'y rendait-elle dès qu'elle y était mandée par le roi; mais il eût été bien difficile et bien dispendieux, pour la classe des petits propriétaires qui n'avaient que des fiefs de peu d'importance, de faire de longs voyages pour aller au parlement, et de rester plusieurs jours ou peut-être même plusieurs semaines loin de leurs familles et de leurs affaires. En outre, si tous les vassaux du roi ou francs-tenanciers (*freeholders*), comme on commençait à les appeler, s'y étaient rendus, l'assemblée se serait trouvée trop nombreuse pour qu'il eût été possible de délibérer. A peine eût-il été possible de trouver un local assez vaste pour la contenir, et jamais un orateur n'aurait pu parvenir à se faire entendre d'une foule pareille. De là vint qu'au lieu d'assister tous personnellement au conseil, les barons inférieurs, comme on appelait les petits propriétaires pour les distinguer des grands nobles, s'assemblèrent dans leurs districts ou comtés respectifs, et choisirent un ou deux des plus sages et des plus expérimentés d'entre eux pour les représenter au parlement ou grand conseil de la nation, et y défendre leurs intérêts communs. Ce fut ainsi que les vassaux de la couronne qui composaient le parlement vinrent à former deux corps différens : les pairs ou la grande noblesse, que le roi convoquait spécialement, et ceux des barons inférieurs qui étaient envoyés des différens comtés de l'Écosse pour représenter les vassaux de la couronne. Outre ces deux classes distinctes, le parlement renfermait encore les représentans du clergé et des bourgs ou villes considérables.

Dans le temps où la religion catholique romaine était la religion dominante, les prêtres exerçaient dans toute l'Europe une grande influence, et ne négligeaient aucune occasion de maintenir leur puissance et leur autorité. Il n'était donc pas étonnant qu'on vît figurer au parlement les chefs du clergé, c'est-à-dire les évêques et les prieurs des grandes abbayes, que l'on appelait abbés mitrés, parce qu'ils avaient le privilège de porter une mitre comme les évêques. Ils y étaient admis pour défendre les intérêts de l'église, et prenaient rang avec les pairs ou nobles titrés.

Il ne nous reste plus à parler que des bourgs. Il faut que vous sachiez que pour favoriser le commerce et l'industrie, et pour balancer un peu le pouvoir immense de la haute noblesse, les rois d'Écosse avaient été, depuis très-long-temps, dans l'usage d'accorder des privilèges considérables à plusieurs villes de leurs états, qui, en considération des chartes que le prince leur octroyait, étaient appelées bourgs royaux. Les citoyens de ces bourgs avaient le droit de choisir eux-mêmes leurs magistrats, et possédaient des revenus considérables, provenant des terres que le roi leur avait accordées, et des taxes établies sur les denrées qui entraient dans la ville. Ces revenus étaient perçus par les magistrats, appelés ordinairement prevôts et baillis, et ils étaient employés aux besoins de la ville. Dans les temps de guerre, ces mêmes magistrats menaient au combat les bourgeois ou habitans des bourgs, soit contre les Anglais, soit contre les grands barons, pour défendre leurs propriétés et les privilèges de leurs villes, que ceux-ci attaquaient souvent. Les bourgeois s'exerçaient de bonne heure au métier des armes, et ils devaient aller se ranger sous l'étendard royal toutes les fois qu'ils en étaient requis. Entre autres privilèges, les bourgs avaient celui d'envoyer au parlement des commissaires et représentans qui venaient y défendre leurs droits, et concourir à l'expédition des affaires générales de la nation.

C'est ici le lieu de remarquer que le grand conseil écossais ressemblait exactement, quant à sa composition, au parlement de la Grande-Bretagne; mais il y avait une différence essentielle dans le mode de délibération. En Angleterre, les pairs, les évêques et les abbés mitrés siégeaient, délibéraient et votaient entre eux; c'était ce qu'on appelait la chambre des pairs ou des lords; et les représentans des comtés ainsi que ceux des bourgs se réunissaient séparément, et formaient ce qu'on appelait la chambre basse ou chambre des communes. En Écosse, au contraire, les nobles, les prélats, les représentans des comtés et des bourgs, siégeaient tous ensemble dans la même salle, et discutaient et votaient comme membres de la même assemblée. Depuis l'union des royaumes d'Angleterre et d'Écosse, le parlement qui représente les deux pays est divisé en deux corps que l'on appelle les deux chambres du parlement; et il résulte beaucoup d'avantages de cette manière de discuter les affaires de l'état.

Vous avez maintenant quelque idée de l'origine du parlement ou grand conseil de la nation, et des différentes classes de personnes qui avaient droit d'en faire partie. Il me reste à vous dire qu'il était convoqué et congédié par le roi, et que tout ce qui intéressait la nation se décidait dans son sein. Les mesures qu'il proposait devenaient des lois dès que le roi les avait approuvées, ce qu'il annonçait en les touchant de son sceptre. Vous voyez par là que les lois qui gouvernaient le pays étaient en grande partie l'ouvrage du peuple, puisqu'elles étaient adoptées par ses représentans au parlement. Lorsque, entre autres, on avait besoin de lever de l'argent pour quelque dépense publique, il était indispensable d'obtenir avant tout l'approbation du parlement, tant pour le montant de la somme que pour la manière de la percevoir; de sorte que le roi ne pouvait exiger d'argent de ses peuples sans le consentement préalable du grand conseil.

On peut dire en général des lois écossaises, qu'elles étaient aussi bonnes et aussi sagement conçues que celles d'aucun autre état de l'Europe à cette époque reculée. Leur rédaction offre même des traces de prévoyance et de sagacité tout-à-fait remarquables. Mais le grand mal était que les bonnes lois que les rois et les parlemens faisaient de concert n'étaient pas exécutées avec rigueur; au contraire, on les violait impunément, et l'on n'y faisait pas plus d'attention que si elles n'eussent jamais existé. Je vais tâcher de vous en expliquer la cause.

La source du mal était le pouvoir excessif de la noblesse, qui se trouvait placée presque en dehors de l'autorité du roi. Les grands seigneurs avaient obtenu le privilège de rendre la justice chacun sur leurs terres; de sorte que primitivement ils avaient seuls le droit de rechercher les crimes, de les juger et de les punir. Or, la plupart de ces grands seigneurs étaient beaucoup plus intéressés à maintenir et à étendre leur autorité dans l'intérieur des provinces qui leur appartenaient, qu'à concourir au bon ordre et au bien général du pays. Ils étaient presque toujours en guerre les uns avec les autres, et quelquefois avec le roi lui-même. En général, ils étaient plus disposés à la guerre qu'à la paix, et s'inquiétaient fort peu de punir les criminels qui troublaient l'ordre public. Au lieu de mettre en jugement les voleurs, les assassins, les malfaiteurs de tous les genres, ils les protégeaient souvent, les prenaient à leur service, et quelquefois même, par ambition et par esprit de vengeance, ils étaient les premiers à les pousser en secret au crime.

Les juges nommés par le roi avaient bien le droit d'arrêter et de punir les malfaiteurs lorsqu'ils pouvaient mettre la main sur eux; mais il était très-difficile de les prendre lorsque les puissans barons sur les terres desquels ils se trouvaient leur facilitaient les moyens de se cacher ou de se sauver. Et lors même que les cours de justice du roi s'étaient emparées d'un malfaiteur, il y avait une loi qui permettait au lord dans la juridiction duquel le crime avait été commis de réclamer l'accusé, pour être jugé par son propre tribunal. Il est vrai que le baron qui faisait cette requête était obligé de donner caution que l'affaire serait jugée dans un temps donné; mais telle était la faiblesse du gouvernement royal et le pouvoir de la noblesse, que lorsqu'un coupable avait été remis par la justice entre les mains du seigneur qui le réclamait, celui-ci trouvait le moyen ou de le laisser évader, ou bien de le faire acquitter après un jugement dérisoire. De cette manière, il était toujours difficile et souvent impossible de mettre à exécution les lois sages qui émanaient du parlement, parce que le pouvoir des nobles était sans bornes, et que, pour augmenter encore leur autorité, ils entravaient de toutes les manières la marche de la justice.

Chacun de ces seigneurs, sur les terres qui lui appartenaient, avait plutôt l'air d'un monarque que d'un sujet du roi d'Écosse; et nous verrons plus tard que plusieurs d'entre eux devinrent même assez redoutables pour menacer de détrôner les rois. Il n'y avait pas jusqu'aux plus minces barons qui ne se fissent la guerre l'un à l'autre sans le consentement du roi; de sorte que

GOUVERNEMENT DE L'ÉCOSSE.

le pays tout entier n'offrait qu'une vaste scène de désordre et de carnage. Ce qui éternisait les troubles, c'était la coutume barbare connue sous le nom de *haine à mort* (1). Lorsqu'un homme était insulté ou tué par un autre, ses parens, sachant que les lois étaient impuissantes pour leur faire obtenir satisfaction, se vengeaient eux-mêmes en mettant à mort quelqu'un de la famille de celui qui les avait offensés, quelque étranger d'ailleurs que l'objet de leur vengeance pût être au crime ou à l'offense. Les autres à leur tour cherchaient à se venger sur un membre de la famille qui avait été outragée la première, et de cette manière la querelle se transmettait de père en fils; et souvent des familles voisines l'une de l'autre, et qui auraient dû vivre en bonne intelligence, étaient divisées pendant plusieurs générations par une *haine à mort*.

Les plus grands malheurs devinrent la suite de cet esprit de vengeance qui perpétuait les haines de famille, et de cette insubordination aux sages lois du pays. Par exemple, lorsque le roi d'Écosse assemblait son armée pour marcher contre les Anglais, un grand nombre de braves seigneurs se réunissaient sous son étendard, suivis de vaillans soldats; mais il était toujours difficile et souvent impossible de les déterminer à agir de concert, tant chacun était jaloux de son autorité, sans parler de ceux qui nourrissaient les uns contre les autres soit des animosités personnelles, soit de ces terribles et funestes *haines à mort*, résultat d'une querelle futile

(1) *Deadly feud* — Éd.

peut-être dans le principe, mais envenimée par les crimes commis successivement par les deux partis, et transmise de père en fils comme un sanglant héritage.

Il est vrai que sous un prince aussi ferme et d'un caractère aussi énergique que Robert Le Bruce, les puissans barons se sentaient comprimés et se renfermaient dans de justes bornes; mais nous verrons trop souvent que lorsqu'ils eurent à leur tête des rois plus faibles et plus mous, leurs fatales querelles recommencèrent, et furent plus d'une fois la cause des défaites et des malheurs de l'Écosse. Ce qui rend cette assertion incontestable, c'est que lorsque les Écossais livrèrent de grandes batailles avec des armées nombreuses où se trouvaient beaucoup de ces barons fiers et indépendans, ils furent souvent défaits par les Anglais; tandis que lorsqu'ils combattaient les mêmes ennemis avec des forces moins considérables ils remportaient souvent la victoire, parce qu'alors tous obéissaient aux ordres d'un seul chef, sans prétendre lui disputer le commandement.

Ces causes de dissensions intestines et de calamités publiques existaient jusque dans les comtés du centre du royaume, tels que les trois Lothians (1), le comté de Fife et autres provinces où le roi résidait habituellement, et où il devait exercer par conséquent plus

---

(1) Ces trois comtés ou *shires* sont : le Lothian de l'est (Est-Lothian) ou Haddingtonshire; celui du milieu (Middle-Lothian) ou Edinburgshire; et le Lothian occidental (West-Lothian) ou Linlithgowshsire. — Éd.

d'influence et avoir moins de peine à faire exécuter les lois; mais il y avait deux grandes divisions de l'Écosse qui étaient encore dans un tel état de barbarie, qu'on pouvait dire qu'elles n'en reconnaissaient aucune : c'étaient les frontières (*borders*) et les hautes terres ou montagnes (*highlands*). Bien que de nom elles fussent soumises au roi d'Écosse, cependant lorsqu'il voulait faire exécuter dans l'un ou l'autre de ces grands districts quelque acte de justice, il fallait qu'il y marchât en personne à la tête d'un corps considérable de troupes, pour se saisir des coupables et les faire mettre à mort sans autre forme de procès. Ces expéditions sévères rétablissaient la tranquillité pour quelque temps; mais elles augmentaient encore l'aversion du peuple pour le gouvernement royal, et il n'en était que plus disposé, à la moindre occasion, à troubler l'ordre par des querelles intestines ou par une rébellion ouverte. Il faut que je vous parle un peu plus en détail de ces districts sauvages et barbares de l'Écosse, et du genre de peuple qui les habitait, afin que vous me compreniez bien lorsque je vous parlerai des montagnards (*Highlanders*) et des habitans des frontières (*Borderers*).

Les Highlands ou hautes terres, ainsi nommées à cause des rochers et des montagnes qui forment la nature de la contrée, comprennent une grande partie de l'Écosse septentrionale. C'est dans ces déserts que les anciens habitans de la Grande-Bretagne furent repoussés par les Romains, et c'est de là qu'ils revinrent envahir et dévaster cette partie de la Bretagne que les Romains avaient conquise et en quelque sorte civilisée. Ces montagnards ou habitans des Highlands parlaient et parlent encore aujourd'hui un langage tout-à-fait différent de l'écossais des basses terres (*Lowlands*) ; cette dernière langue diffère très-peu de l'anglais, et les peuples de ces deux pays s'entendent facilement, tandis que ni les uns ni les autres ne comprennent le gaëlique (*gaelic*), que parlent les montagnards. Leurs vêtemens différaient aussi de ceux des autres Écossais : ils consistaient en un *plaid* ou manteau de frise ou d'une étoffe rayée appelée *tartan*, dont un pan, noué autour de la taille, formait une espèce de petite jupe qui descendait jusqu'aux genoux, tandis que le reste était drapé sur les épaules comme une sorte de manteau ; ils avaient pour chaussure des brodequins (1) de cuir non tanné. Ceux qui pouvaient se procurer une toque se couvraient la tête de cette coiffure ; mais il y avait beaucoup de montagnards qui n'en portaient jamais, et alors leurs longs cheveux crépus étaient attachés par-derrière par une bande de cuir. Ils marchaient toujours armés d'arcs et de flèches, de grandes et lourdes épées appelées *claymores*, qu'ils maniaient des deux mains, de haches d'armes et de poignards pour combattre corps à corps. Pour armes défensives, ils avaient un bouclier ou targe ronde, en bois, toute couverte de clous. Les Chefs avaient des chemises ou cottes de mailles assez semblables aux chemises de flanelle que l'on porte à présent, si ce n'est que les mailles étaient de fer au lieu d'être de laine ; mais, en général, les montagnards désiraient si peu se couvrir d'armures, que souvent dans

---

(1) *Buskins*. —Éd.

le combat ils jetaient leur plaid et ne conservaient qu'une simple chemise, qu'ils portaient très-longue et très-ample comme celle des Irlandais.

Cette partie de la nation écossaise était divisée en *clans* ou tribus. Les individus qui composaient chacun de ces clans croyaient tous descendre primitivement d'un même aïeul, dont ils portaient ordinairement le nom : ainsi une de ces tribus s'appelait Mac-Donald, ce qui signifie les fils de Donald ; une autre Mac-Gregor, ou les fils de Gregor ; une troisième Mac-Niel, les fils de Niel, et ainsi de suite. Chacun de ces clans avait son chef particulier, qui était le descendant immédiat du fondateur de la tribu. Ils obéissaient aveuglément à ce Chef, soit en paix, soit en guerre, sans s'inquiéter si en agissant ainsi ils ne transgressaient pas les lois du pays et ne se mettaient pas en révolte ouverte contre le roi lui-même. Chaque tribu habitait, dans les montagnes, une vallée ou un district séparé des autres ; ils se battaient souvent entre eux, et presque toujours à toute outrance. Mais c'était surtout avec les habitans des basses terres qu'ils étaient constamment en guerre. Ils n'avaient ni le même langage, ni les mêmes vêtemens, ni les mêmes mœurs, et sous prétexte que les plaines fertiles avaient autrefois appartenu à leurs ancêtres, ils y faisaient des incursions continuelles, et les pillaient sans pitié. De leur côté les habitans des basses terres, tout aussi braves et mieux disciplinés que leurs ennemis, leur infligeaient souvent de dures représailles ; de sorte qu'habitant le même pays, ils n'en étaient pas moins entre eux dans un état de guerres continuelles.

Plusieurs des Chefs montagnards les plus puissans s'arrogeaient tous les privilèges de monarques indépendans. Tels étaient les fameux lord des Iles, les Mac-Donalds, auxquels les Hébrides, situées au nord-ouest de l'Écossse, pouvaient passer pour appartenir en toute propriété. Ces petits souverains faisaient des traités avec l'Angleterre en leur propre nom. Ils s'étaient déclarés pour Robert Bruce, et l'avaient joint avec toutes leurs forces; mais nous verrons que plus tard ils mirent le trouble dans l'Ecosse. Les lords de Lorn, les Mac-Douglas étaient aussi extrêmement puissans. Vous avez vu qu'ils purent livrer bataille à Robert Bruce, et même le vaincre et mettre sa vie dans le plus grand danger, ce dont celui-ci se vengea plus tard en forçant John de Lorn de s'expatrier, et en donnant la plus grande partie de ses biens à son neveu, sir Colin Campbell, qui devint le chef de cette grande famille d'Argyle qui par la suite acquit tant de puissance dans les Highlands.

De tout cela, il vous est facile de comprendre que ces clans des Highlands, retranchés dans des montagnes inaccessibles, et n'obéissant à personne qu'à leurs propres Chefs, durent contribuer fortement à troubler la tranquillité du royaume. Ils avaient pourtant d'excellentes qualités : ils étaient bons, courageux, hospitaliers, d'une fidélité à toute épreuve envers leurs Chefs; mais en même temps ils étaient remuans, vindicatifs, ennemis du repos, et préférant toujours la guerre à la paix (1).

---

(1) *La Dame du Lac* nous offre le tableau poétique des sites et

Les frontières n'étaient pas dans un état beaucoup plus favorable au maintien d'un gouvernement paisible. Les habitans de cette partie de l'Écosse qui touche à l'Angleterre ressemblaient beaucoup aux montagnards. Ils étaient comme eux divisés par clans, et avaient aussi des Chefs auxquels ils obéissaient de préférence au roi ou aux officiers qui le représentaient. Il n'est pas aisé d'expliquer comment ces divisions par clans s'établirent aux deux extrémités de l'Écosse et n'eurent jamais lieu dans les provinces qui les séparaient.

Les provinces frontières ne sont pas, il est vrai, aussi montagneuses et aussi inabordables que les Highlands; mais elles sont pourtant remplies de hautes collines, surtout dans la partie de l'ouest, et elles étaient dans le principe couvertes de forêts et divisées par une foule de petites rivières et de marais en autant de vallées où habitaient les différens clans, toujours en guerre soit entre eux, soit avec les Anglais, soit avec les provinces plus civilisées qui se trouvaient dans leur voisinage.

Cependant, quoique les habitans des frontières ressemblassent aux montagnards par leur gouvernement et leurs habitudes de pillage, et nous pouvons ajouter par leur état de révolte presque continuel contre le roi d'Écosse, il y avait entre eux plusieurs points de différence. Les montagnards combattaient toujours à pied,

des mœurs des Highlands; la *Légende de Montrose*, *Rob-Roy*, *Waverley*, etc., achèvent de nous familiariser avec cette partie si pittoresque et si originale de l'Écosse. — Éd.

et les habitans des frontières toujours à cheval. Ceux-ci parlaient la même langue que les habitans des basses terres, portaient les mêmes vêtemens et se servaient des mêmes armes. A force de guerroyer contre les Anglais, ils avaient acquis aussi une meilleure discipline. Mais sous le rapport de l'obéissance au gouvernement royal, ils ne différaient pas beaucoup des clans du nord.

Des officiers militaires appelés *Wardens* ou gardiens étaient nommés par le roi pour contenir les turbulens habitans des frontières; mais comme ces gardiens étaient presque tous eux-mêmes chefs de clans, ils apportaient peu de remède au mal. Robert Bruce avait confié l'administration d'une grande partie des frontières au lord James de Douglas, qui remplit cette charge avec zèle et fidélité; mais le pouvoir que la famille des Douglas acquit par là devint plus tard bien dangereux pour la couronne (1).

Vous voyez donc comme cette pauvre Écosse était déchirée sans cesse par les querelles des nobles, les révoltes des montagnards et les incursions des habitans des frontières. Si Robert Bruce eût vécu, il eût sans doute réussi à rétablir l'ordre dans le pays; mais la Providence avait décrété que sous le règne de son fils, qui lui succéda, l'Écosse retomberait dans un état presque aussi misérable que celui dont ce grand prince l'avait tirée.

(1) *Le Lai du dernier Ménestrel* est aux frontières (*borders*) ce qu'est la *Dame du Lac* aux Highlands pour nous faire connaître les habitudes guerrières de ces provinces et l'aspect du pays. Le *Monastère*, le *Nain*, achèvent le tableau, etc. — Én.

CHAPITRE XI.

RÉGENCE ET MORT DE RANDOLPH. — BATAILLE DE DUPPLIN. — AVÉNEMENT D'ÉDOUARD BALIOL AU TRÔNE D'ÉCOSSE, ET SA FUITE EN ANGLETERRE. — BATAILLE D'HALIDON-HILL ET RETOUR DE BALIOL.

ROBERT BRUCE, le plus grand roi qui ait jamais occupé le trône d'Écosse, étant mort, comme je vous l'ai dit, la couronne passa à son fils David (1), qui fut appelé David II, pour le distinguer du roi de ce nom qui avait régné environ cent ans auparavant. Ce David II n'avait que quatre ans à la mort de son père, et quoi-

(1) 1330. — ÉD.

que nous ayons vu des enfans de cet âge qui se croyaient bien raisonnables, on n'a pas coutume de leur confier le gouvernement des royaumes. Ce fut pour cette raison que Randolph, comte de Moray, dont je vous ai tant parlé, devint ce qu'on appelle régent du royaume d'Écosse, c'est-à-dire qu'il exerça l'autorité royale jusqu'à ce que le roi fût assez âgé pour gouverner son peuple. Cette sage disposition avait été faite par Bruce, avec le consentement du Parlement, et fut très-avantageuse pour le royaume.

Le régent était très-sévère dans l'administration de la justice. Si le soc de la charrue d'un laboureur lui était volé sur le champ où il l'avait laissé, Randolph condamnait le sheriff du comté à lui en payer la valeur, parce que le devoir de ce magistrat était de veiller sur tout ce qui était laissé dans les champs à la foi publique. Un fripon essaya de profiter de cette loi : il cacha le soc de sa charrue, prétendit qu'il lui avait été volé, en réclama le prix auprès du sheriff, et en reçut deux shillings d'après sa valeur présumée; mais la fraude ayant été découverte, le régent condamna cet homme à être pendu.

Dans une autre occasion, un criminel qui, après avoir assassiné un prêtre, s'était enfui à Rome et y avait fait pénitence, fut amené devant le régent. Le coupable avoua son crime, alléguant cependant en sa faveur qu'il avait obtenu le pardon du pape. — Le pape, répondit Randolph, a pu vous pardonner le meurtre d'un prêtre, mais il n'a pu vous absoudre de l'assassinat d'un sujet du roi d'Écosse. C'était se reconnaître indépendant de l'autorité du pape à un degré qui n'était pas ordinaire parmi les princes de ce temps.

Tandis que le régent était occupé à rendre la justice à Wigton, dans le Galloway, un homme entra précipitamment dans l'assemblée pour se plaindre que, dans le moment même, une troupe de ses ennemis s'était mise en embuscade dans une forêt voisine, et l'attendait pour le mettre à mort. Randolph envoya des soldats pour se saisir de ces misérables, et les fit amener devant lui. — C'est donc vous, dit-il, qui vous cachez pour surprendre et tuer les sujets du roi? Qu'on les pende tous à l'instant même.

Randolph méritait des éloges pour sa justice, mais non pour son excessive sévérité. Le plaisir qu'il paraissait prendre à condamner à mort les criminels montre à la fois la férocité de cette époque et celle de son propre caractère. Il avait envoyé son Coroner (1) au château d'Ellandonan, dans les Highlands, pour faire exécuter plusieurs voleurs et malfaiteurs de toute espèce: cet officier fit attacher leurs têtes, au nombre de soixante, tout le long des murs extérieurs du château. Lorsque Randolph arriva, et que, descendant le lac en bateau, il vit les murailles ornées de ces têtes hideuses et sanglantes, il dit qu'il préférait ce coup-d'œil à celui

(1) De *corona*, officier de la couronne dont les fonctions sont aujourd'hui de constater toute mort violente, et qui, à cette époque, avait une juridiction plus étendue, semblable à celle d'un grand prévôt. — Éd.

de toutes les guirlandes de roses qu'il eût jamais vues.

Les efforts du régent pour faire régner partout le bon ordre et la justice furent bientôt interrompus, et il fut forcé de prendre des mesures pour la défense du pays; car Robert Bruce ne fut pas plus tôt dans la tombe que les ennemis de sa famille commencèrent à comploter entre eux pour détruire le gouvernement qu'il avait établi. Le principal auteur de ces machinations était Édouard Baliol, le fils de ce John Baliol qui fut d'abord fait roi d'Écosse par Édouard I, puis détrôné par lui et confiné dans une prison lorsque ce prince voulut régner lui-même sur ce pays. Après avoir été long-temps captif, John Baliol avait obtenu la permission de passer en France, où il était mort dans l'obscurité. Mais son fils Édouard Baliol, trouvant l'occasion favorable, résolut de faire valoir ses droits au trône d'Écosse. Il arriva en Angleterre dans ce dessein ; et quoique Édouard III, qui régnait alors dans ce pays, se rappelant les derniers succès des Écossais, ne jugeât pas prudent de s'engager dans une guerre contre eux, cependant Baliol trouva un parti considérable de puissans barons anglais bien disposés à l'aider dans son entreprise. Voici la cause qui les détermina à s'unir à lui.

Lorsque l'Écosse fut affranchie de la domination de l'Angleterre, tous les Anglais à qui Édouard Ier ou ses successeurs avaient donné des terres dans ce royaume en furent naturellement privés. Mais il y avait une autre classe de propriétaires anglais qui réclamaient les biens qui leur appartenaient en Écosse, non à titre de fiefs concédés par quelque prince anglais, mais comme héritage de familles écossaises auxquelles ils étaient alliés; leurs prétentions furent reconnues justes par Robert Bruce lui-même, au traité de paix conclu à Northampton, en 1328, dans lequel il fut convenu que ces lords anglais seraient réintégrés dans les biens dont ils avaient hérité en Écosse. Malgré cette convention, Bruce, qui n'aimait pas à voir des Anglais posséder des terres dans son royaume à quelque titre que ce fût, refusa, ou au moins différa de remplir cette partie du traité. De là vint qu'aussitôt après la mort de ce monarque les lords déshérités résolurent de réunir leurs forces et de se joindre à Édouard Baliol pour envahir l'Écosse, et de rentrer dans leurs biens. Mais toutes leurs troupes réunies ne montaient qu'à quatre cents hommes d'armes et environ quatre mille archers et autres soldats de toute espèce. C'était une bien petite armée pour envahir une contrée qui s'était si bien défendue contre toutes les forces de l'Angleterre; mais ils supposaient avec raison que la mort du vaillant Robert Bruce avait beaucoup affaibli l'Écosse.

Une grande infortune vint mettre le deuil dans ce pays; ce fut la mort inattendue du régent Randolph, dont la valeur et l'expérience auraient été si nécessaires pour protéger l'Écosse. Il avait rassemblé des troupes, et s'occupait des préparatifs de défense à opposer aux efforts de Baliol et des lords déshérités, lorsqu'il fut atteint d'une maladie violente, et mourut à Musselbourg dans le mois de juillet 1332. Les regrets que les Écossais éprouvèrent de la mort du régent allèrent si loin, que leurs historiens accusent les Anglais de l'avoir empoisonné ; mais rien n'a confirmé cette accusation.

Donald, comte de Mar, neveu de Robert Bruce, fut nommé régent par le Parlement d'Écossse, à la place du comte de Moray ; mais comme homme il lui était bien inférieur en talens, et il était sans expérience comme militaire.

Cependant le roi d'Angleterre, affectant encore de vouloir rester en paix avec l'Écosse, défendit aux lords déshérités d'envahir ce pays par les frontières anglaises ; mais il ne mit aucun obstacle à ce qu'ils équipassent une petite flotte dans un port obscur du royaume, afin de parvenir par mer au même but. Ils débarquèrent dans le comté de Fife, ayant Baliol à leur tête, et défirent le comte de Fife, qui s'était hâté de s'opposer à leur passage. Ils s'avancèrent alors du côté du nord, vers la ville de Dupplin, près de laquelle le comte de Mar était campé avec une armée considérable, tandis qu'un autre corps de troupes, sous les ordres du comte de March, arrivait des comtés méridionaux de l'Écosse pour attaquer en flanc et par derrière la petite armée de Baliol.

Tout devait faire présumer que cette poignée d'hommes serait détruite par les troupes nombreuses rassemblées contre elles ; mais Édouard Baliol prit la résolution d'attaquer l'armée du régent pendant la nuit et de le surprendre dans son camp. Dans ce dessein, il traversa

BATAILLE DE DUPPLIN.

la rivière de l'Earn, dont le cours séparait les deux corps de troupes ennemis. Le comte de Mar n'avait point placé de sentinelles, et avait négligé toutes les précautions nécessaires en cas de surprise : aussi les Anglais arrivèrent-ils sans peine jusqu'au milieu de son camp endormi et sans défense. Ils firent un grand carnage des Écossais, dont le nombre ne servit qu'à augmenter le désordre. Le régent fut trouvé lui-même parmi les morts, ainsi que les comtes de Carrick, de Moray, de Menteith, et beaucoup d'autres seigneurs de distinction. Plusieurs milliers d'Écossais furent tués pendant le combat, écrasés dans leur fuite, ou noyés dans la rivière. Les Anglais eux-mêmes étaient étonnés d'avoir remporté, avec un nombre de troupes si inférieur, une victoire si complète.

Je vous ai dit que le comte de March s'avançait avec les forces qu'il avait rassemblées dans les comtés méridionaux pour venir au secours du régent; mais il agit avec tant de lenteur et si peu d'énergie en apprenant la défaite et la mort du comte de Mar, qu'il fut justement soupçonné de favoriser en secret le parti de Baliol. Ce général victorieux s'arrogea alors la couronne d'Écosse, qui fut placée sur sa tête à Scoon. Une grande partie du royaume se soumit à son autorité, et cette fatale bataille de Dupplin, livrée le 12 août 1332, parut avoir anéanti tous les avantages que celle de Bannockburn avait assurés à l'Écosse.

Édouard Baliol fit un indigne usage de sa victoire. Il

se hâta de reconnaître le nouveau roi d'Angleterre comme son seigneur et maître, quoique, par le traité de Northampton, l'Angleterre eût renoncé à jamais élever de prétentions à une pareille suprématie, et qu'elle eût formellement reconnu l'indépendance de l'Écosse. Il lui céda aussi la ville forte et le château de Berwick (1), et lui promit de le suivre et de l'aider, aux frais de l'Écosse, dans toutes les guerres qu'il lui plairait d'entreprendre. Édouard III, de son côté, s'engagea à maintenir la couronne sur la tête de Baliol. Ce fut ainsi que le royaume se vit réduit à peu près au même état de dépendance et d'asservissement à l'Angleterre que lorsque le grand-père d'Édouard avait placé le père de Baliol sur le trône, en 1292, environ quarante ans auparavant.

Mais les succès de Baliol étaient plutôt apparens que réels. Les patriotes écossais étaient maîtres de presque toutes les forteresses du royaume, et le jeune roi David se trouvait en sûreté dans le château de Dumbarton (2), une des places les plus fortes de l'Écosse et peut-être du monde entier.

A aucune période de son histoire l'Écosse ne manqua de braves guerriers ayant la volonté et les talens nécessaires pour défendre ses droits. Dès que le traité honteux par lequel Baliol venait de vendre à Édouard l'indépendance de son pays fut connu en Écosse, les

(1) *Vues pittoresques d'Écosse*, pages 3 et 4. — Éd.
(2) *Vues pittoresques d'Écosse*, pages 102 et suivantes.— Éd.

descendans des compagnons de Bruce se présentèrent
naturellement les premiers pour défendre la cause de la
liberté. John Randolph, second fils du régent, avait
formé une union secrète avec Archibald Douglas, un
des plus jeunes frères du Bon Lord James, et ils se préparèrent à imiter les grandes actions de leurs parens.
Ils rassemblèrent promptement une armée assez considérable, et attaquant Baliol, qui était à un grand festin près d'Annan, ils taillèrent sa garde en pièces, tuèrent son frère, et le forcèrent à se sauver hors du
royaume, dans une telle hâte, qu'il partit sans avoir eu
le temps de changer ses habits de fête, et sur un cheval
sans selle ni harnois.

Archibald Douglas, qui devint ensuite comte de Douglas, était un homme brave, comme son père; mais il
ne fut pas un aussi bon général et n'eut pas autant de
bonheur dans ses entreprises.

Il y avait un autre Douglas, nommé sir William, fils
naturel du Bon Lord James, qui figura beaucoup à cette
époque. Quoique bâtard, il avait acquis une grande
fortune en épousant l'héritière des Grahames de Dalkeith, et il possédait le château-fort de ce nom, avec
un autre plus important encore nommé l'Hermitage,
grande et massive forteresse située dans la contrée sauvage de Liddesdale, à trois ou quatre milles des frontières anglaises. Ce sir William Douglas, appelé communément le Chevalier de Liddesdale, était un vaillant
et courageux soldat; mais il se montra fier, cruel et perfide, et, quoiqu'il égalât en talens militaires son père le

FUITE DE BALIOL EN ANGLETERRE.

Bon Lord James, il ne soutint pas la réputation de loyauté et d'honneur qu'il lui avait léguée.

Outre ces champions, tous déclarés contre Baliol, il y avait encore sir André Murray de Bothwell, qui avait épousé Christine, sœur de Robert Bruce, et tante du jeune roi David. Il avait une si haute réputation, que le Parlement écossais le nomma régent en remplacement du comte de Mar, tué à Dupplin.

Édouard III, roi d'Angleterre, déclara alors la guerre à l'Écosse, dans l'intention de soutenir la cause de Baliol, de prendre possession de Berwick, que ce prétendu roi lui avait cédé, et de châtier les Écossais pour ce qu'il appelait leur rébellion. Il se mit à la tête d'une grande armée, et marcha vers les frontières.

La guerre commença d'une manière inquiétante pour l'Écosse. Sir André Murray et le chevalier de Liddesdale furent faits prisonniers dans des escarmouches particulières contre les Anglais, et la perte de ces deux chefs fut très-préjudiciable à leur pays.

Archibald Douglas, qui, comme je viens de vous le dire, était le frère du Bon Lord James, fut sur-le-champ nommé régent à la place de sir André Murray, et s'avança avec un corps de troupes considérable pour secourir la ville de Berwick, assiégée alors par Edouard III avec toute son armée. La garnison fit une défense opiniâtre; et le régent, en livrant bataille aux Anglais dans l'espoir

BATAILLE D'HALIDON-HILL.

de dégager la ville, montra plus de courage que de talens militaires.

Les Écossais étaient rangés en bataille sur le penchant d'une éminence nommée Halidon-Hill, à deux milles de Berwick. Le roi Édouard vint les y attaquer avec toute son armée. Ce combat, comme celui de Falkirk et beaucoup d'autres, fut décidé par le formidable corps des archers anglais. Ils étaient postés dans un terrain marécageux, d'où ils envoyaient les volées de flèches les plus meurtrières contre les Écossais, qui, placés sur la pente rapide de la montagne, restaient exposés à ces décharges terribles sans pouvoir y répondre.

Je vous ai déjà dit que ces archers anglais étaient les plus renommés de l'Europe. Dès l'âge de sept ans, on les habituait au maniement de l'arc en leur en donnant un petit, proportionné à leur taille et à leurs forces, et chaque année on en substituait un autre plus grand et plus fort, jusqu'à ce qu'ils fussent en état de se servir de l'arc des hommes faits. Indépendamment de l'avantage qu'ils avaient d'être familiarisés de bonne heure avec leur arme, les archers anglais tenaient leur arc à la hauteur de l'épaule, et en tiraient la corde contre l'oreille droite, tandis que les autres nations de l'Europe la tirent contre la poitrine. Si vous voulez essayer ces deux manières, mon enfant, vous trouverez que les Anglais pouvaient lancer de beaucoup plus longues flèches parce que leur bras avait plus de place et de développement.

Accablés par ces archers adroits et expérimentés, dont les flèches tombaient sur eux comme la grêle, rompant leurs rangs, et perçant leurs plus belles armures comme si elles eussent été de carton, les Écossais firent des efforts désespérés pour gagner le bas de la montagne et sortir d'une position si désavantageuse. Le comte de Ross chargea vigoureusement; et, s'il eût été secondé par un corps suffisant de cavalerie, il aurait pu changer le sort de cette journée; mais, comme il n'en était pas ainsi, les comtes de Ross, de Sutherland et de Menteith furent défaits et tués avec leur suite par la cavalerie anglaise, qui s'était avancée pour protéger les archers. Alors la déroute des Écossais fut complète: le régent Archibald Douglas resta sur le champ de bataille ainsi qu'une partie de la meilleure et de la plus brave noblesse; un grand nombre furent faits prisonniers, Berwick fut obligé de se rendre, et l'Écosse parut être de nouveau conquise par les Anglais (1).

Édouard parcourut encore une fois tout le royaume, s'empara des places fortes et y mit des garnisons, extorqua d'Édouard Baliol, qui était roi de nom, la cession d'une grande partie des comtés méridionaux, nomma les gouverneurs des châteaux et les sheriffs des comtés, et exerça une autorité absolue comme sur un pays conquis. Baliol, de son côté, reprit possession des provinces du nord et de l'ouest de l'Écosse, qu'il lui fut permis de conserver à titre de vassal du monarque an-

---

(1) C'est cette déplorable bataille que sir Walter Scott a célébrée dans son esquisse dramatique intitulée: *Halidon-Hill.* — Éd.

glais. Bien des personnes pensaient que les guerres étaient à jamais terminées, et qu'il ne restait plus dans ce malheureux pays un homme qui eût assez d'influence pour lever une armée, ou assez de talent pour la conduire.

CHAPITRE XII.

SIÈGE DU CHATEAU DE LOCH LEVEN. — BATAILLE DE KIL-
BLENE. — SIÈGE DU CHATEAU DE DUNBAR. — SIR ANDRÉ
MURRAY. — ÉTAT DU PAYS. — TOURNOIS.

Les Anglais, nation plus riche et plus puissante, en état de lever et d'entretenir des armées plus considérables, remportèrent souvent de grandes victoires sur les Écossais; mais en retour, ceux-ci avaient un amour pour l'indépendance et une haine pour la tyrannie étrangère qui les porta toujours à persister dans leur résistance, même dans les circonstances les plus désavantageuses, et à chercher à regagner ce qu'ils avaient perdu, par des efforts lents, mais opiniâtres et continus.

SIÈGE DU CHATEAU DE LOC LEVEN.

Après la bataille d'Halidon, il ne restait plus dans toute l'Écosse que quatre châteaux et une petite tour qui fussent restés fidèles à David Bruce, et il est étonnant de voir comment les patriotes réussirent bientôt après à changer un état de choses qui paraissait si désespéré.

Dans les différentes escarmouches et batailles partielles qui eurent lieu dans toute l'étendue du royaume, les Écossais, connaissant le pays et soutenus par les habitans, étaient presque toujours victorieux : ils surprenaient des châteaux et des forts, coupaient les convois de vivres qui arrivaient aux Anglais, et détruisaient les partis ennemis qu'ils rencontraient dispersés et isolés. Ce fut ainsi que par une lutte longue et continuelle, les patriotes regagnèrent en détail ce qu'ils avaient perdu par plusieurs grands combats. Je vais vous raconter quelques incidens arrivés pendant cette guerre sanglante.

Le château de Loch Leven, situé dans une île, au milieu d'un grand lac, était un des quatre restés fidèles à David Bruce, et qui n'avaient pas voulu se soumettre à Édouard Baliol. Le gouverneur était un loyal Écossais, nommé Alan Vipont, ayant sous ses ordres Jacques ou James Lamby. Le château fut assiégé par un corps de troupes anglaises commandé par sir John Stilring, partisan de Baliol. Comme les assiégeans n'osaient pas approcher de l'île avec des barques, Stirling imagina un singulier expédient pour obliger la garnison à se rendre. Il y a une petite rivière appelée le Leven, qui prend sa source dans le lac et en sort par l'extrémité orientale. Les Anglais construisirent en cet endroit une forte et haute barrière ou écluse, afin d'empêcher les eaux du Leven de s'écouler. Ils espéraient que celles du lac, grossies par la rivière, s'éleveraient au point d'inonder l'île, et forceraient Vipont à capituler. Mais Vipont envoya pendant la nuit une petite barque montée de quatre hommes qui firent une brèche dans l'écluse, d'où les eaux s'élancèrent avec une telle violence qu'elles entraînèrent les tentes, le bagage, les assiégeans, et détruisirent presque toute leur armée. On montre encore maintenant les restes de l'écluse, quoiqu'il se soit élevé quelques doutes sur la vérité de cette histoire. Ce qu'il y a de certain, c'est que les Anglais furent obligés de lever le siège avec perte.

Tandis que la guerre continuait avec une furie toujours croissante, le chevalier de Liddesdale et sir André Murray de Bothwell revinrent en Écosse après avoir racheté leur liberté par une forte rançon. Le comte de March embrassa aussi le parti de David Bruce. Un autre brave champion de cette cause était sir Alexandre Ramsay de Dalwolsy, qui, se mettant à la tête d'une troupe de jeunes Écossais, choisit pour retraite les spacieux souterrains qu'on peut voir encore dans la vallée de Roslyn (1), d'où il sortait à l'improviste pour tomber sur les Anglais et leurs adhérens. Aucun soldat écossais ne semblait digne de prétendre à quelque renom militaire, à moins qu'il n'eût servi dans la bande de Ramsay.

(1) *Voyage historique et littéraire en Angleterre et en Écosse*, tome III. — Éd.

BATAILLE DE KILBLENE.

Une bataille considérable, livrée dans le nord de l'Ecosse, tourna à l'avantage du jeune roi. Le château de Kildrummie était un de ceux qui tenaient pour lui. Il était défendu par la vénérable tante du roi David, Christine Bruce, femme de sir André Murray, et sœur du brave roi Robert, car dans ces temps de guerre les femmes commandaient les châteaux, et combattaient quelquefois en bataille rangée. Ce château, qui était une des dernières places de refuge des patriotes, fut assiégé par David Hastings, comte d'Athole, un des lords déshérités, qui, après avoir plusieurs fois changé de parti pendant la guerre, avait fini par embrasser complètement celui de Baliol. Sir André Murray de Bothwell, qui exerçait de nouveau les fonctions de régent, résolut d'assembler toutes les forces que les patriotes pouvaient réunir, et, appelant autour de lui le chevalier de Liddesdale, Ramsay et le comte de March, il marcha contre Athole pour le forcer à lever le siège de Kildrummie et secourir son héroïque défenseur. Mais ces nobles n'avaient pu réunir que mille hommes, tandis qu'Athole en commandait trois mille.

Comme les Écossais approchaient du territoire de Kildrummie, ils furent joints par un nommé John Craig. Ce gentilhomme appartenait au parti royaliste; mais ayant été fait prisonnier par le comte d'Athole, il en avait obtenu de racheter sa liberté par une forte rançon, et le lendemain était le jour fixé pour le paiement. Il désirait donc ardemment voir la défaite ou la mort d'Athole avant ce moment, et sauver ainsi sa rançon. Dans ce dessein, il guida les Écossais à travers la forêt de Braemar, où ils trouvèrent une troupe des habitans des environs, qui se joignit à eux ; et ils attaquèrent à l'improviste le comte d'Athole, qui était campé dans la forêt. Athole tressaillit de surprise en voyant paraître l'ennemi si inopinément ; mais quoique versatile dans sa conduite politique, c'était un homme brave et courageux. Il jeta les yeux sur un énorme roc qui se trouvait près de lui, et il jura qu'il ne fuirait point à moins que ce roc ne lui en donnât l'exemple. Une petite rivière séparait les deux troupes. Le chevavalier de Liddesdale, qui conduisait l'avant-garde des Écossais, descendit de quelques pas seulement sur le penchant de la rive qui était de son côté ; alors prenant sa lance par le milieu, il l'opposa horizontalement à sa troupe, qui voulait avancer, et fit faire halte, ce qui occasiona quelques murmures. Le comte d'Athole voyant ce mouvement s'écria : — Ces gens-là sont déjà à demi vaincus ! et il s'élança pour les charger, suivi par sa troupe en désordre. Quand ils eurent passé la rivière, et qu'ils voulurent remonter sur l'autre bord, le chevalier de Liddesdale s'écria : — Maintenant c'est notre tour ! et profitant de l'avantage du terrain, il se précipita sur les Anglais avec tous les siens et les culbuta dans la rivière. Athole lui-même, dédaignant de demander quartier, fut tué sous un grand chêne. Telle fut la bataille de Kilblene, livrée le jour de Saint-André, en 1335.

Parmi les exploits guerriers de cette époque nous ne devons pas oublier la défense du château de Dunbar par la célèbre comtesse de March. Son mari, comme

SIÈGE DU CHATEAU DE DUNBAR.

nous l'avons vu, avait embrassé le parti de David Bruce, et s'était mis en campagne avec le régent. La comtesse, que son teint basané et ses cheveux d'ébène avaient fait surnommer Agnès la Noire (1), nom par lequel on la désigne encore, était une femme courageuse et entreprenante, fille de ce Thomas Randolph, comte de Moray, dont je vous ai si souvent parlé, et digne héritière de sa valeur et de son patriotisme. Le château de Dunbar était très-fort par lui-même; bâti sur une chaîne de rochers qui s'étendaient jusqu'à la mer, il n'avait qu'un seul passage qui conduisit dans l'intérieur des terres, et qui était très-bien fortifié. Ce château fut assiégé par Montague, comte de Salisbury, qui employa pour détruire ses murailles de grands engins de guerre, propres à jeter de grosses pierres, et avec lesquels on attaquait les fortifications avant de se servir du canon.

Agnès la Noire déjoua tous ses efforts, et se montra sur les murs accompagnée de ses femmes, essuyant avec des mouchoirs blancs les endroits où les pierres avaient frappé, comme si elles ne pouvaient faire d'autre dommage à son château que d'y élever un peu de poussière.

Le comte de Salisbury commanda alors à ses gens de faire avancer une machine d'une autre espèce : c'était une sorte de hangar ou de maison de bois montée sur des roues, avec un toit d'une solidité et d'une force remarquables, dont la forme, ressemblant au dos d'un

(1) *Vues pittoresques d'Écosse*, pages 5 et 6. — Éd.

sanglier, lui avait fait donner le nom de *truie*. Cette machine, dans l'ancienne manière de faire la guerre, était roulée contre les murs de la ville ou du château qu'on voulait prendre, et servait de rempart, contre les flèches et les pierres que jetaient les assiégés, à une troupe de soldats qu'on plaçait dans la truie, et qui cherchait à miner les murs ou à pratiquer une brèche avec des pioches et des outils de mineurs. Dès que la comtesse de March vit cet engin avancer contre les murs du château, elle cria au comte de Salisbury, d'un ton moqueur et dans une sorte de prose rimée, digne de l'époque :

Prends garde à toi, Salisburie,
Des petits va faire ta truie.

Au même instant elle fit un signal, et un énorme fragment de rocher qu'elle avait fait détacher tout exprès fut précipité du haut des murailles sur la truie, dont le toit fut brisé en mille pièces. Comme les soldats anglais qui y étaient renfermés s'enfuyaient aussi vite qu'ils le pouvaient pour éviter et la chute des débris du toit, et les flèches et les pierres qu'on leur lançait du château, Agnès la Noire s'écria : « Voyez toute cette portée de « petits porcs anglais ! »

Le comte de Salisbury savait aussi plaisanter, même dans des circonstances aussi sérieuses. Un jour il faisait, à cheval, une reconnaissance près des murs du château, accompagné d'un chevalier couvert d'une armure à toute épreuve et d'une triple cotte de mailles sur une jaquette de cuir. Malgré cela, un certain William Spens décocha une flèche à ce chevalier avec une telle force, qu'elle pénétra jusqu'à son cœur à travers toutes ses barrières. — C'est un gage d'amour de la comtesse, dit le comte en voyant son compagnon tomber mort de son cheval ; les traits d'Agnès la Noire arrivent toujours jusqu'au cœur.

Dans une autre occasion la comtesse de March fut bien près de faire le comte de Salisbury prisonnier. Elle lui avait envoyé un de ses gens, qui, feignant de la trahir, offrit de le faire entrer dans le château. Se fiant à ses promesses, Salisbury vint à minuit devant la porte, qu'il trouva ouverte ; la herse était levée. Comme le comte était sur le point d'entrer, un nommé John Copland, seigneur du Northumberland, le devança de quelques pas, et à peine eut-il passé le seuil de la porte que la herse fut abaissée. Les Écossais manquèrent ainsi la proie qu'ils espéraient, et ne firent prisonnier qu'un personnage d'un rang inférieur.

Enfin le château de Dunbar fut secouru par Alexandre Ramsay de Dalwolsy, qui amena par mer à la comtesse des soldats et des provisions. Le comte de Salisbury, apprenant cela, désespéra de réussir, et leva le siège, qui avait duré dix-neuf semaines. Les ménestrels firent des chansons pour célébrer la persévérance et le courage d'Agnès la Noire. Les vers suivans contiennent à peu près le sens de ce qui nous en est resté :

> C'était une fière gaillarde,
> Qui toujours faisait bonne garde ;

> Que l'on vînt tôt, que l'on vînt tard,
> Agnès était sur le rempart.

Le brave sir André Murray de Bothwel, régent de l'Écosse, mourut en 1338, lorsque la guerre exerçait ses ravages de tous les côtés. C'était un brave patriote, et sa mort fut une grande perte pour son pays, auquel il avait rendu de si grands services. On raconte de lui une anecdote qui montre quel sang-froid il savait conserver, même dans le plus imminent péril. Il était dans les Highlands avec un petit corps de troupes lorsque le roi d'Angleterre y arriva à la tête de vingt mille hommes. Le régent apprit cette nouvelle tandis qu'il entendait la messe, mais il ne voulut point interrompre cet acte de dévotion. Lorsque la messe fut finie, les gens qui l'entouraient l'engageaient vivement à ordonner la retraite. — Rien ne presse, dit Murray avec calme. Enfin on lui amena son cheval : il s'apprêtait à y monter, et sa troupe espérait qu'on allait partir, mais le régent remarqua qu'une courroie de son armure était cassée, et cet accident amena de nouveaux délais. Il envoya chercher un petit coffre qu'il indiqua, et il en tira un morceau de cuir, qu'il coupa, et façonna lui-même avec tranquillité la courroie qui lui manquait. Pendant ce temps les Anglais approchaient rapidement, et ils étaient si supérieurs en nombre que plusieurs chevaliers écossais dirent ensuite à l'historien qui raconte cette anecdote, que jamais temps ne leur parut aussi long que celui que sir André employa à couper cette lanière de cuir. S'il avait laissé approcher les ennemis par vanterie et vaine ostentation de bravoure, sa conduite eût été celle d'un fou et d'un fanfaron; mais sir André avait arrêté le plan de sa retraite, il connaissait la confiance que ses soldats avaient en sa prudence, et il savait que plus il montrerait de froideur et de sang-froid, plus, à leur tour, ils seraient calmes et fermes. Il donna enfin l'ordre du départ, et, se mettant à la tête de sa troupe, il fit une retraite si savante, que, malgré leur grand nombre, les Anglais ne purent obtenir sur lui le moindre avantage, tant il sut bien profiter de tous les accidens du terrain.

Vous pouvez facilement imaginer, mon cher enfant, que pendant ces longues et terribles guerres où les châteaux étaient pris et repris, où il se livrait tant de batailles, et où tant d'hommes étaient faits prisonniers, blessés et mis à mort, l'Écosse était dans un état bien misérable. Il n'y avait plus ni refuge ni protection à trouver dans les lois à une époque où toutes les questions étaient décidées par le bras le plus vigoureux et la plus longue épée. On ne cultivait plus la terre, puisque, d'après toutes les probabilités, l'homme qui l'aurait ensemencée n'aurait pu en recueillir la moisson. Peu de sentimens religieux se conservèrent au milieu d'un ordre de choses si violent, et le peuple devint si familier avec les actes injustes et sanguinaires, que toutes les lois de l'humanité et de la charité étaient transgressées sans scrupule. Des malheureux étaient trouvés morts de faim dans les bois avec leurs familles, et le pays était si dépeuplé et si inculte, que les daims sauvages quittaient les forêts et approchaient des villes et des habitations des hommes. Des familles entières étaient réduites à manger de l'herbe, et d'autres trouvèrent, dit-on, un aliment plus horrible dans la chair de leurs semblables. Un misérable établit des trappes dans lesquelles il prenait les créatures humaines comme des bêtes féroces, et s'en nourrissait. Ce cannibale était appelé Christian du Grappin (*Cleek*), à cause du grappin ou crochet qu'il employait pour ses affreuses trappes.

Au milieu de toutes ces horreurs, les chevaliers anglais et écossais, lorsqu'il y avait quelque trêve entre eux, faisaient succéder aux combats des tournois et autres exercices de chevalerie. Le but de ces jeux n'était point de se donner le plaisir de combattre, mais de prouver qui était le meilleur homme d'armes. Au lieu de faire assaut d'adresse, de chercher à qui sauterait le plus haut, ou de disputer le prix d'une course à pied ou à cheval, c'était la mode alors que les gentilshommes joutassent ensemble, c'est-à-dire qu'armés de toutes pièces, tenant leur longue lance, ils courussent l'un contre l'autre jusqu'à ce que l'un d'eux fût enlevé de sa selle et renversé par terre. Quelquefois ils se battaient à pied avec l'épée et la hache; et quoique ce ne fussent que des jeux où présidait la courtoisie, on voyait quelquefois périr plusieurs champions dans ces combats inutiles, comme s'ils eussent combattu sur un champ de bataille véritable. Par la suite on n'employa que des épées émoussées ou des lances sans pointe; mais à l'époque dont nous parlons on se servait dans les tournois des mêmes armes qu'à la guerre.

Un tournoi très-célèbre fut donné à cette époque aux

chevaliers anglais et écossais par Henry de Lancastre, appelé alors le comte de Derby, et depuis Henri IV, roi d'Angleterre. Il invita le chevalier de Liddesdale, le Bon sir Alexandre Ramsay et environ vingt autres Écossais de distinction à se rendre à une grande joute près de Berwick. Après avoir fait à ses nobles hôtes l'accueil le plus distingué, le comte de Derby demanda à Ramsay avec quelles armures les chevaliers combattraient.

— Avec des boucliers de métal, répondit Ramsay, tels qu'on en porte ordinairement dans les tournois. — Il est à croire que c'était une espèce d'armure particulièrement solide et pesante dont on ne se servait que pour ce genre de combats.

— Non, non, dit le comte de Derby, nous acquerrions trop peu de renommée si nous combattions ainsi en sûreté; portons plutôt l'armure plus légère que nous prenons un jour de bataille.

— Nous sommes prêts à combattre avec nos pourpoints de soie, si c'est le bon plaisir de Votre Seigneurie, répondit sir Alexandre Ramsay.

Le chevalier de Liddesdale fut blessé au poignet d'un éclat de lance, et fut obligé de quitter la partie. Un chevalier écossais appelé sir Patrick Grahame lutta contre un vaillant baron anglais nommé Talbot, qui ne dut la vie qu'à sa cuirasse, qui était double à l'endroit de la poitrine. La lance écossaise perça les deux plaques de métal, et s'enfonça d'un pouce dans la chair, s'il n'avait eu que l'armure légère ordonnée par les lois du tournois, Talbot était un homme mort. Pendant le souper, un autre chevalier anglais défia Grahame de fournir trois fois la carrière contre lui le lendemain. — Ah! tu veux te mesurer avec moi, dit Grahame; en ce cas, lève-toi de bonne heure, confesse tes péchés, et fais ta paix avec Dieu, car tu iras souper en paradis. En effet, le lendemain matin, il passa sa lance au travers du corps de son adversaire, qui mourut sur le coup. Un autre chevalier anglais fut aussi tué, et un Écossais mortellement blessé. William Ramsay eut son casque traversé par une lance dont un éclat lui entra dans le crâne, et lui cloua son casque sur la tête. Comme on croyait qu'il allait mourir sur la place, on envoya chercher un prêtre, qui le confessa sans que ce casque eût été ôté.

— Ah! dit le comte de Derby édifié par ce spectacle, qu'il est beau de voir un chevalier faire, le casque en tête, la confession de ses péchés! Que Dieu m'accorde une semblable fin!

Dès que ce devoir religieux fut rempli, Alexandre Ramsay, dont le blessé était parent, l'étendit par terre tout de son long, et, se mettant en devoir de faire une opération qui avait quelque chose de la rudesse de leurs jeux, il appliqua son pied contre la tête de son ami, tandis que, réunissant toutes ses forces, il tirait le morceau de lance du casque et en même temps de la blessure. Alors William Ramsay se leva, et dit en se frottant la tête : — Cela ira.

— Voyez un peu jusqu'où peut aller le courage de l'homme? dit le comte de Derby, admirant la manière dont il avait été traité tant au moral qu'au physique.

On ne dit pas si le patient vécut.

Pour donner les prix, il fut arrêté que les chevaliers anglais décideraient quel était celui des Écossais qui s'était distingué le plus, et que les Écossais seraient de même les juges de la valeur des Anglais. Une équité parfaite présida des deux côtés à ces jugemens, et le comte de Derby montra beaucoup de munificence dans la distribution des prix. Ces détails pourront servir à vous donner une idée des amusemens de cette époque remuante et agitée, où la guerre et ses périls se retrouvaient jusque dans les jeux.

CHAPITRE XIII.

DÉPART D'ÉDOUARD BALIOL DE L'ÉCOSSE. — RETOUR DE DAVID II. — MORT DE SIR ALEXANDRE RAMSAY. — MORT DU CHEVALIER DE LIDDESDALE. — BATAILLE DE NEVILLE-CROSS. — MORT DE BALIOL. — CAPTIVITÉ, DÉLIVRANCE ET MORT DU ROI DAVID.

Malgré la valeureuse défense des Écossais, leur pays était réduit à l'état le plus misérable, par la guerre continuelle que lui faisait Édouard III, roi sage et belliqueux s'il en fut jamais. S'il avait pu tourner contre l'Écosse toutes les forces de son royaume, il en aurait probablement achevé la conquête, qu'il désirait en vain depuis si long-temps; mais au moment où la guerre se poursuivait avec le plus d'acharnement, Édouard éleva des prétentions à la couronne de France, et fut obligé de les soutenir les armes à la main. Il se vit donc forcé de rappeler une partie des troupes qu'il avait en Écosse, et les patriotes commencèrent à espérer de voir se décider en leur faveur la lutte terrible soutenue avec tant d'obstination par les deux partis.

Les Écossais envoyèrent une ambassade en France pour en obtenir des soldats et de l'argent. Ils obtinrent l'un et l'autre, et ce secours les mit en état de reprendre aux Anglais leurs îles et leurs villes (1).

Ils rentrèrent en possession du château d'Édimbourg par un stratagème. Le chevalier de Liddesdale s'embarqua à Dundee, avec deux cents hommes choisis, sur un vaisseau marchand commandé par un certain William Curry. Dès qu'ils furent arrivés à Leith, le patron du navire se rendit au château, suivi d'une partie de ses matelots portant des barils de vin et de grands paniers de provisions qu'il disait vouloir vendre au gouverneur anglais et à la garnison. Ayant obtenu sous ce prétexte qu'on leur ouvrît la porte, ils poussèrent tous ensemble le cri de guerre des Douglas, et le chevalier de Liddesdale, se précipitant sur leurs pas suivi de sa troupe, se rendit maître du château. Perth et plusieurs autres

(1) *Town*. On appelle *town* généralement toute réunion de maisons plus considérable qu'un village, et où il y a un marché régulier. On appelle proprement *city* toute ville à corporation avec résidence d'un évêque. En France, au moyen âge, on appelait *villes* les gros bourgs et même les villages fortifiés ; d'où vient qu'alors on comptait déjà plus de deux mille *villes*. — Éd.

places importantes retombèrent aussi au pouvoir des Écossais, et Édouard Baliol quitta le pays, désespérant de faire reconnaître ses prétentions à la couronne.

Les nobles d'Écosse, trouvant les affaires du royaume dans un état plus prospère, résolurent d'engager le jeune roi David II à revenir de France, où il avait cherché un asile avec sa femme, la reine Jeanne. Ils arrivèrent en 1341.

David II était encore fort jeune, et même dans un âge plus avancé il n'eut jamais les talens ni la sagesse de son père, le grand roi Robert. Chaque noble Écossais était devenu un petit prince dans ses domaines; ils faisaient tous la guerre à leurs voisins comme ils l'avaient faite à l'Angleterre, et le pauvre roi n'avait pas assez de pouvoir sur eux pour les retenir dans le devoir. Un triste exemple de cet esprit de discorde arriva peu de temps après le retour du jeune roi.

Je vous ai dit comment sir Alexandre Ramsay et le chevalier de Liddesdale s'aidaient réciproquement à repousser l'invasion des Anglais; c'étaient de vieux amis et des compagnons d'armes. Mais Ramsay ayant réussi à prendre d'assaut le château-fort de Roxburgh, le roi le nomma sheriff de ce comté, emploi qui était rempli auparavant par le chevalier de Liddesdale. En le voyant occuper sa place, Liddesdale oublia sa vieille amitié pour Ramsay, et résolut de le faire périr. Il tomba tout à coup sur lui avec une troupe nombreuse de gens armés, tandis qu'il rendait la justice à Hawick. Ramsay, qui avait peu de monde avec lui, et qui ne pouvait soupçonner son ancien camarade de vouloir lui faire aucun mal, fut aisément vaincu, et, tout blessé qu'il était, il fut transporté en toute hâte dans le château solitaire de l'Hermitage, situé au milieu des marais de Liddesdale. Là il fut jeté dans un cachot, n'ayant pour toute subsistance que quelques grains qui tombaient par les fentes du plancher d'un grenier, et après avoir langui quelques jours dans cette affreuse situation, le brave sir Alexandre Ramsay mourut, en 1341. Plus de quatre cents ans après, c'est-à-dire il y a environ quarante ans, un maçon creusant dans les ruines du château de l'Hermitage arriva à un caveau où se trouvait une quantité de paille, des ossemens humains et un morceau de bride, ce qui fit supposer que Ramsay y était mort. Ce morceau de bride fut donné à votre grand-père (1), qui en fit hommage au noble comte de Dalhousie, brave militaire comme sir Alexandre Ramsay dont il descend en ligne directe.

Le roi fut très-affligé en apprenant le crime qui avait été commis sur la personne d'un sujet si fidèle ; il fit plusieurs tentatives pour le venger ; mais le chevalier de Liddesdale était trop puissant pour être puni, et le roi fut obligé de lui rendre sa faveur et sa confiance. Enfin Dieu dans sa justice fit tomber le châtiment sur la tête du meurtrier. Environ cinq ans après qu'il eut commis ce crime, le chevalier de Liddesdale fut fait prisonnier

---

(1) Sir Walter Scott est, comme on sait, grand amateur de ces reliques d'antiquités. — Éd.

par les Anglais à la bataille de Neville-Cross, près de Durham, et on le soupçonne d'avoir racheté sa liberté en entrant dans une ligue coupable avec le monarque anglais. Mais il n'eut pas le temps d'effectuer sa trahison, car peu de jours après il fut tué à la chasse dans la forêt d'Ettrick, par son proche parent et son filleul, lord William Douglas. Depuis ce moment la place où il périt fut appelée William-Hope. C'est grand dommage que le chevalier de Liddesdale ait souillé sa gloire en faisant mourir lâchement son ami et en se liguant avec les ennemis de l'Écosse. Sous tous les autres rapports, il tenait un si haut rang dans l'estime publique, qu'il était appelé la fleur de la chevalerie, — et qu'un ancien historien dit de lui : — Terrible dans la guerre, doux et modeste dans la paix, il était le fléau de l'Angleterre et le bouclier et le rempart de l'Écosse. Jamais les succès ne le rendirent présomptueux, et jamais la mauvaise fortune ne le découragea.

Revenons maintenant à l'état de l'Écosse au moment où son jeune roi lui fut rendu. La guerre exerçait encore ses ravages de tous côtés, mais, les Écossais ayant reconquis tout leur territoire, elle devint bientôt moins opiniâtre, et quoiqu'il n'y eût point de traité de paix en forme, des trèves de plusieurs mois, et même de plusieurs années, étaient conclues de temps en temps; trèves que les historiens anglais prétendent que les Écossais étaient toujours prêts à rompre lorsqu'ils en trouvaient l'occasion favorable.

Vers l'an 1346, pendant une de ces trèves, et tandis

BATAILLE DE NEVILLE-CROSS.

qu'Édouard III était en France assiégeant Calais, David fut vivement pressé par le roi de ce pays de recommencer la guerre, et de profiter de l'occasion que lui offrait l'absence d'Édouard. En conséquence le jeune roi d'Écosse leva une armée considérable, et entrant en Angleterre par les frontières occidentales, il marcha vers Durham, ravageant et dévastant tout le pays qu'il parcourait. Les Écossais se flattaient que puisque le roi et les nobles étaient absens, il n'y avait personne en Angleterre qui pût s'opposer à leur passage, excepté des prêtres et de simples artisans.

Mais ils furent bien trompés dans leur attente. Les lords des comtés septentrionaux de l'Angleterre et l'archevêque d'York rassemblèrent une armée nombreuse; ils défirent l'avant-garde des Écossais, et tombèrent à l'improviste sur le corps d'armée principal. L'armée anglaise, dans laquelle il y avait beaucoup d'ecclésiastiques, portait pour étendard un crucifix qui s'élevait parmi les bannières de la noblesse. Les Écossais avaient pris position au milieu de quelques haies de clôture qui gênaient leurs mouvemens, et où leurs rangs immobiles étaient moissonnés, comme dans les batailles précédentes, par les flèches anglaises. Sir John Grahame offrit de disperser les archers si on voulait lui confier un corps de cavalerie; mais quoique le succès d'une tentative semblable eût décidé le gain de la bataille de Bannockburn, il ne put obtenir les moyens de l'essayer. Dès ce moment le désordre se mit dans l'armée écossaise. Le roi lui-même combattit bravement au milieu de ses nobles, et fut blessé deux fois par des flèches.

Enfin il fut fait prisonnier par John Copland, gentilhomme du Northumberland, le même qui avait été pris à Dunbar, à la place de Salisbury. Il ne s'empara pas sans peine de son illustre captif; car dans la lutte le roi fit sauter deux dents de Copland avec son poignard. L'aile gauche de l'armée écossaise continua à combattre long-temps après que le reste était en déroute, et réussit enfin à effectuer sa retraite; elle était commandée par le comte de March. Un grand nombre de seigneurs furent tués, et beaucoup d'autres furent faits prisonniers. Le roi lui-même fut conduit en triomphe à travers les rues de Londres, et étroitement renfermé à la Tour. Cette bataille fut livrée à Neville-Cross près de Durham, le 17 octobre 1346.

Telle fut la seconde grande victoire remportée par les Anglais sur les Écossais. Elle fut suivie de nouveaux avantages qui assurèrent pour quelque temps aux vainqueurs tout le pays qui s'étend depuis les frontières de l'Écosse jusqu'au Lothian. Mais, comme d'ordinaire, les Écossais ne se virent pas plus tôt forcés à une soumission momentanée, qu'ils commencèrent à chercher les moyens de s'y soustraire.

William Douglas, fils de ce Douglas qui avait été tué à Halidon-Hill, près de Berwich, déploya alors sa part de ce courage et de cette prudence qui semblaient innés dans cette famille extraordinaire. Il reconquit ses propres domaines de Douglasdale, chassa les Anglais de la forêt d'Ettrick, et aida les habitans de Teviotdale à recouvrer leur indépendance.

MORT DE BALLIOL.

Du reste, dans cette occasion, l'invasion des Anglais n'eut pas des conséquences aussi fâcheuses que les premières victoires qu'ils avaient remportées. La royauté de Baliol ne fut pas de nouveau proclamée, et ce souverain de nom céda au monarque anglais tous ses droits sur le royaume d'Écosse, en foi de quoi il lui présenta une poignée de terre écossaise et une couronne d'or. Édouard, en reconnaissance de cet abandon, assura un riche revenu à Baliol, qui se retira des affaires publiques, et passa le reste de sa vie dans une telle obscurité, que les historiens n'indiquent même pas l'époque de sa mort. Depuis qu'il était entré en Écosse à la tête des lords déshérités, rien de ce qu'il entreprit ne porta l'empreinte du courage et des talens qu'il avait montrés en cette occasion, et auxquels il dut le gain de la bataille de Dupplin, ce qui fait présumer qu'il était alors guidé par des conseils qui lui manquèrent ensuite.

Édouard III ne fut pas plus heureux en faisant la guerre en Écosse pour son propre compte que lorsqu'il semblait n'avoir d'autre but que de soutenir la cause de Baliol. Il s'avança dans l'East-Lothian (le Lothian-oriental), au printemps de 1355, et y exerça tant de ravages, que cette époque fut long-temps appelée *la chandeleur ardente*, à cause du grand nombre de villes et de villages qui furent brûlés. Mais les Écossais avaient emporté toutes les provisions qui auraient pu être utiles à leurs ennemis, et tout en évitant une bataille générale ils ne cessaient de les harceler par des escarmouches partielles. Ce fut de cette manière qu'Édouard fut obligé de battre en retraite et de quitter l'Écosse avec beaucoup de perte.

Après avoir échoué dans cette tentative, Édouard paraît avoir désespéré de conquérir l'Écosse ; il entra en pourparlers pour conclure une trève et remettre le roi en liberté.

Enfin David II obtint de retourner en Écosse, après avoir été prisonnier pendant onze ans. Les Écossais convinrent de payer une rançon de cent mille marcs, somme bien considérable pour un pays toujours pauvre et épuisé par les dernières guerres. Le peuple fut si enchanté de revoir son roi, qu'il le suivait partout, et ce qui montre la grossièreté de ces temps, c'est qu'il s'introduisait sans façon jusque dans sa chambre à coucher. Irrité à la fin de marques d'attachement si fatigantes et si importunes, le roi arracha la masse d'armes d'un de ses officiers, et de sa royale main il cassa la tête du sujet impertinent qui se trouvait le plus près de lui. — Après cette rebuffade, dit l'historien, il lui fut permis d'être tranquille chez lui.

Les dernières années de la vie de ce roi n'offrent rien de remarquable, si ce n'est qu'après la mort de Jeanne, sa première femme, il contracta un mariage imprudent avec une Marguerite Lagie, femme d'une grande beauté, mais d'une naissance obscure, dont il se sépara ensuite. Il n'eut d'enfans ni de sa première ni de sa seconde femme. David II mourut à l'âge de quarante-sept ans, dans le château d'Édimbourg, le 22 février 1370. Il avait régné quarante-deux ans, dont il en passa onze prisonnier en Angleterre.

CHAPITRE XIV.

AVÉNEMENT DE ROBERT STUART. — GUERRE DE 1385, ET ARRIVÉE DE JEAN DE VIENNE EN ÉCOSSE. — BATAILLE D'OTTERBURN. — MORT DE ROBERT II.

David II étant mort sans enfans, la branche masculine de la famille du grand Robert Bruce se trouvait éteinte. Mais tel était l'attachement que les Écossais portaient aux descendans de ce prince héroïque, qu'ils résolurent de décerner la couronne à un de ses petits-fils du côté maternel. Marjorie, fille de Robert Bruce, avait épousé Walter, lord High-Steward (1) de l'Écosse, et le sixième de sa famille qui eût exercé ces hautes fonctions, d'où lui était venu le surnom de Stewart. Ce

(1) C'est-à-dire lord grand-intendant. — Éd.

Walter Stewart ou Stuart, et sa femme Marjorie, furent les ancêtres de cette longue dynastie des Stuarts qui, par la suite, gouvernèrent l'Écosse et finirent par régner aussi sur l'Angleterre. Le dernier roi de la famille des Stuarts perdit sa double couronne à la grande révolution nationale de 1688, et son fils et ses petits-fils moururent en exil. La branche féminine possède actuellement le trône dans la personne de George IV, notre souverain (1). Lors donc que vous entendrez parler de la branche des Stuarts, vous saurez que ce sont les descendans de Walter Stuart et de Marjorie Bruce que l'on désigne ainsi On dit que les Stuarts descendaient de Fleance, fils de Banquo, celui à qui les vieilles sorcières prédirent que ses descendans deviendraient rois d'Écosse, et qui fut tué par Macbeth; mais c'est une tradition qui paraît plus que douteuse.

Walter, l'intendant d'Écosse, qui avait épousé la fille de Bruce, était un guerrier plein de courage, qui se distingua à la bataille de Bannockburn, où il avait un commandement supérieur. Mais il mourut jeune, et fut très-regretté. Robert Stuart, son fils, qu'il avait eu de Marjorie Bruce, et par conséquent petit-fils du roi Robert, fut appelé après lui sur le trône. C'était un

---

(1) Sir Walter Scott appartient à cette classe de *torys* qui ont eu en quelque sorte besoin d'une *légitimité* pour adopter pleinement la famille de Brunswick. Depuis que les Stuarts ne sont plus, Georges IV aime beaucoup à se dire roi d'Angleterre par la grace de Dieu et le droit de la naissance. Il est commode d'être à la fois l'héritier du droit divin et de ce que les Anglais appellent la *glorieuse révolution* de 1688. — Éd.

prince doux et affable, qui avait été dans son temps un brave guerrier; mais il avait alors cinquante-cinq ans, et il était sujet à une violente inflammation d'yeux qui les rendait rouges comme le sang. Aussi passa-t-il presque tout le reste de sa vie dans la retraite; et il n'avait pas l'activité nécessaire pour être à la tête d'un peuple aussi remuant et aussi difficile à conduire que les Écossais.

La couronne ne fut pas décernée à Robert Stuart sans opposition. Un compétiteur formidable se présenta dans la personne de William, comte de Douglas. Cette famille, de laquelle étaient sortis tant de grands hommes, avait alors atteint un haut degré de pouvoir et de prospérité, et elle exerçait une autorité presque souveraine dans les provinces méridionales de l'Écosse. Le comte de Douglas consentit à se désister de ses prétentions, à condition que son fils épouserait Euphémie, fille de Robert II. Ce mariage ayant levé tous les obstacles, Stuart fut couronné roi; mais l'extrême pouvoir des Douglas, qui les faisait marcher presque de pair avec le souverain, fut cause par la suite de grandes commotions nationales et de nouveaux malheurs pour l'Écosse.

Il ne se passa rien de bien important sous le règne de Robert II. Les guerres avec les Anglais furent moins fréquentes; mais les Écossais avaient fait de grands progrès dans la tactique militaire. En voici quelques exemples:

En 1385, les Français se voyant pressés vivement par

les Anglais sur leur propre territoire, résolurent d'envoyer une armée en Écosse pour aider cette nation à faire la guerre aux Anglais, et forcer ainsi ces derniers à rester dans leurs foyers pour les défendre. Ils choisirent donc mille hommes d'armes, c'est-à-dire armés de toutes pièces, tant chevaliers qu'écuyers, et comme chacun de ces hommes d'armes avait quatre ou cinq soldats sous ses ordres, cela formait des forces très-considérables. Ils envoyèrent aussi douze cents armures complètes aux Écossais, ainsi qu'une grande somme d'argent, pour leur fournir les moyens de soutenir la guerre. Les troupes étaient commandées par Jean de Vienne, grand-amiral de France, général brave et habile.

Pendant ce temps, Richard II rassembla de son côté l'armée la plus nombreuse peut-être que jamais roi d'Angleterre eût commandée, et il se dirigea vers les frontières de l'Écosse. Les Écossais avaient aussi réuni des forces considérables, et l'amiral français s'attendait qu'il allait y avoir une grande bataille rangée. Il dit aux seigneurs écossais : — Vous avez toujours déclaré que si vous aviez quelques centaines d'hommes d'armes de France pour vous seconder, vous livreriez bataille aux Anglais ; eh bien ! nous voici prêts à vous soutenir. Livrons bataille.

Les seigneurs écossais répondirent qu'il était trop dangereux de risquer les destinées de l'Écosse dans un seul combat ; et l'un d'eux, probablement Douglas, conduisit Jean de Vienne dans un étroit passage, où, sans être aperçus, ils pouvaient voir défiler toute l'armée anglaise. L'Écossais fit remarquer à l'amiral la multitude innombrable d'archers, le nombre et la discipline des hommes d'armes qui s'y trouvaient, et il lui demanda alors s'il conseillerait encore aux Écossais d'attaquer cette foule d'archers avec quelques tireurs d'arc des Highlands mal exercés, ou de soutenir sur leurs petits bidets le choc de toute la cavalerie anglaise.

L'amiral ne put s'empêcher de convenir que la partie ne serait pas égale.—Mais en ce cas, dit-il, que comptez-vous faire? car si vous ne cherchez point à arrêter ce torrent, il va ravager tout votre pays.

— Qu'ils fassent ce qu'ils voudront, répondit Douglas en souriant, ils ne trouveront pas grand'chose à ravager. Les habitans sont tous retirés dans les bois, sur les montagnes, dans les marécages, et ils ont emmené avec eux leurs troupeaux qui forment tout leur bien. Les Anglais ne trouveront rien à prendre ni à manger. Les maisons des grands propriétaires sont de petites tours qui ont d'épaisses murailles que le fer même ne pourra détruire. Quant au peuple, il n'habite que de simples cabanes, et s'il prend fantaisie aux Anglais de les brûler, quelques arbres de la forêt suffiront pour les reconstruire.

— Mais que ferez-vous de votre armée si vous ne vous battez point? demanda le Français, et comment le peuple supportera-t-il la famine, le pillage, tous les maux enfin qui seront les conséquences de l'invasion?

— Vous verrez que notre armée ne restera pas oisive, dit Douglas, et quant aux habitans, ils peuvent souffrir la faim et tous les maux de la guerre ; mais jamais ils ne souffriront un Anglais pour maître.

L'événement prouva la vérité de ce que Douglas avait dit. La grande armée anglaise entra en Écosse par les frontières de l'est, et dévasta tout ce qu'elle rencontrait sur son passage ; mais bientôt elle manqua de provisions, et ne put en trouver nulle part. D'un autre côté, les seigneurs écossais n'eurent pas plus tôt appris que les Anglais étaient engagés dans le cœur de l'Écosse, qu'avec une armée nombreuse, composée principalement de cavalerie légère, comme celle que conduisaient Douglas et Randolph en 1327, ils se jetèrent sur les provinces de l'ouest de l'Angleterre, où, en un jour ou deux, ils enlevèrent plus de butin et causèrent plus de ravages que les Anglais n'auraient pu en faire en Écosse quand même ils auraient brûlé toute la contrée depuis la frontière jusqu'à Aberdeen.

Les Anglais furent rappelés promptement à la défense de leur pays, et quoiqu'il n'y eût pas eu de bataille, cependant le mauvais état des routes, le manque de fourrages et de provisions, et d'autres causes semblables, leur avaient fait perdre beaucoup d'hommes et de chevaux ; tandis qu'au contraire l'armée écossaise avait trouvé tout en abondance dans un pays beaucoup plus fertile que le sien, et s'était enrichie par le pillage. Ce sage système de défense avait été recommandé par Bruce aux Écossais, comme le seul moyen de protéger efficacement leurs frontières.

GUERRE DE 1385.

Quant aux troupes françaises, elles furent très-mécontentes de la réception qui leur fut faite. Elles se plaignirent que la nation qu'elles étaient venues secourir n'avait pour elles ni soins, ni attentions d'aucune espèce, et qu'on ne leur fournissait ni fourrages, ni provisions, ni rien de ce qui leur était nécessaire. A cela les Écossais répondaient que leurs alliés leur coûtaient beaucoup, et ne leur servaient à rien ; qu'il leur fallait une foule de choses qu'il était impossible de leur fournir dans un pays aussi pauvre que l'Écosse ; et enfin qu'ils insultaient les habitans, et mettaient tout au pillage dès qu'ils croyaient pouvoir le faire impunément. Les choses en vinrent au point que les Écossais ne permirent aux Français de quitter l'Écosse qu'après leur avoir fait promettre de payer les frais de leur séjour, et les chevaliers français partirent très-mécontens d'un pays dont les habitans étaient si sauvages et si peu civilisés, où les terres cultivées n'étaient en nulle proportion avec les déserts incultes, où il ne se trouvait que des marais et des montagnes, et où les animaux sauvages étaient beaucoup plus nombreux que ceux qui étaient dressés au service de l'homme.

C'était par prudence, et non par manque de bravoure, que les Écossais évitaient les grandes batailles avec les Anglais. Il se livrait souvent des engagemens partiels ; alors on faisait des prodiges de valeur des deux côtés, et on ne cessait de se battre, dit un vieil historien, que lorsque l'épée et la lance refusaient leur service, et alors on se retirait en se disant : — Au revoir, merci de l'amusement que vous m'avez procuré. Un exemple très-remarquable de ces combats à outrance se présenta dans l'année 1388.

Les seigneurs écossais avaient formé le projet de faire une invasion formidable en Angleterre, et ils avaient, dans cette intention, rassemblé de nombreuses forces ; mais apprenant que les habitans du Northumberland réunissaient une armée sur les frontières de l'est, ils résolurent de borner leurs incursions à celles que le comte de Douglas pourrait faire avec une troupe d'élite de quatre à cinq mille hommes. Le comte pénétra en Angleterre par les montagnes qui sont sur les frontières, côté où l'on s'attendait le moins à une attaque, et se montrant tout à coup près de Newcastle; il tomba sur les riches plaines des environs, mettant tout à feu et à sang, et chargeant son armée de butin.

Percy, comte de Northumberland, seigneur anglais des plus puissans, et avec lequel les Douglas avaient eu plusieurs rencontres, envoya ses deux fils, sir Henri et sir Ralph Percy, pour arrêter les progrès de cette invasion. C'étaient l'un et l'autre de braves chevaliers; mais le premier surtout, qui, à cause de son impétuosité, avait été surnommé Hotspur (1), était l'un des meilleurs guerriers d'Angleterre, comme Douglas l'était de l'Écosse. Les deux frères se jetèrent à la hâte dans Newcastle, pour défendre cette ville importante; et Douglas étant venu ranger sa troupe devant les murailles comme pour les braver, ils se décidèrent à faire une sortie, et

---

(1) Littéralement *éperon brûlant*. — Tr.

les deux partis escarmouchèrent pendant quelque temps. Douglas et Henri Percy en vinrent personnellement aux mains, et il arriva que dans la mêlée Douglas s'empara de la lance d'Hotspur, au bout de laquelle était attaché un petit ornement en soie, brodé en perles, sur lequel était peint un lion; c'était le cimier des Percy. Douglas agita en l'air ce trophée, et déclara qu'il l'emporterait en Écosse, et qu'il le planterait sur son château de Dalkeith.

— C'est ce que tu ne feras jamais, dit Percy ; je saurai bien reprendre ma lance avant que tu regagnes ton Écosse.

— Alors viens la chercher, répondit Douglas ; tu la trouveras devant ma tente.

Les Écossais, ayant rempli le but de leur expédition, commencèrent à se retirer le long de la vallée qu'arrose la petite rivière Reed, et ils campèrent à Otterburn, à environ vingt milles des frontières, le 19 août 1388.

Au milieu de la nuit, l'alarme se répandit dans le camp des Écossais; on disait que l'armée anglaise était près de les atteindre, et en effet la lune en se levant montra sir Henry Percy qui s'avançait à la tête d'un corps de troupes au moins égal en nombre à celui de Douglas. Il avait déjà traversé la Reed, et se dirigeait vers le flanc gauche de l'armée écossaise. Douglas, sentant le désavantage de sa position, se retira du camp avec toutes ses troupes, et par une manœuvre aussi habile que savante, qu'on n'aurait jamais cru de pareils soldats en état d'exécuter, il changea entièrement la position de son armée et fit face à l'ennemi.

Pendant ce temps, Hotspur traversait le camp désert, où il ne restait que quelques traînards et quelques valets d'armée. Les obstacles qu'il présenta à la marche des troupes anglaises mirent quelque désordre dans leurs rangs, et ce fut au moment où ils croyaient les Écossais en pleine retraite qu'à la clarté de la lune ils les virent rangés en ordre de bataille, et les attendant de pied ferme. Le combat s'engagea avec la plus grande furie; car Percy et Douglas étaient les deux plus célèbres capitaines de leur temps, et les deux armées comptaient sur le courage et le talent de leurs chefs, dont les noms étaient répétés à grands cris de chaque côté. Les Écossais, qui étaient inférieurs en nombre, allaient enfin céder, quand Douglas, leur chef, fit avancer sa bannière, sous l'escorte de ses meilleurs guerriers. Alors, poussant son cri de guerre de Douglas, il se précipita lui-même dans le plus fort de la mêlée, se frayant un passage avec sa hache d'armes; mais bientôt il tomba percé de trois coups mortels. Si cet événement eût été connu, il est probable qu'il aurait décidé la bataille en faveur des Anglais; mais tout ce qu'ils surent c'est que quelque brave chevalier venait de mordre la poussière. Cependant les autres seigneurs écossais s'étaient élancés sur les pas de leur général qu'ils trouvèrent mourant au milieu de ses pages et de ses fidèles écuyers massacrés autour de lui. Un prêtre robuste, appelé William de North-Berwick, aumônier de Dou-

BATAILLE D'OTTERBURN.

glas, protégeait le corps de son maître, armé d'une lance.

— Comment cela va-t-il, cousin? demanda Sinclair, le premier des chevaliers écossais qui pénétra jusqu'au chef expirant.

— Pas trop bien, répondit Douglas; mais, grace à Dieu, mes ancêtres sont morts sur des champs de bataille, et non sur des lits de plumes. Je sens que je m'en vais; mais que l'on n'en continue pas moins à pousser mon cri de guerre; et que l'on cache ma mort aux soldats. Il y a une tradition dans notre famille qui dit qu'un Douglas gagnera une bataille après sa mort, et j'espère qu'elle s'accomplira aujourd'hui.

Les nobles firent ce qui leur avait été prescrit; ils cachèrent le corps du comte, et se précipitèrent de nouveau au combat en criant plus fort que jamais : Douglas! Douglas! Les Anglais ne purent résister à cette nouvelle attaque; Henri et Ralph Percy furent faits tous deux prisonniers après des prodiges de valeur, et presque aucun Anglais de distinction n'échappa à la mort ou à l'esclavage; c'est ce qui a fait dire à un poète écossais :

> Douglas! à ce seul nom des milliers de soldats
> Souvent ont pris la fuite; et l'on vit un Douglas,
> Même après son trépas, remporter la victoire.

Sir Henri Percy tomba au pouvoir de sir Hugh Montgomery, qui l'obligea pour sa rançon à lui bâtir un château à Penorn, dans le comté d'Ayr. La bataille d'Otterburn fut fatale aux chefs des deux armées, puisque Percy fut fait prisonnier, et que Douglas périt dans le combat. Elle a fourni le sujet d'une foule de chants et de poëmes (1), et le grand historien Froissart dit qu'à l'exception d'une seule autre bataille, ce fut celle où l'on se battit le mieux de part et d'autre dans ces temps de guerres.

Robert II mourut le 19 avril 1390. Son règne fut loin d'être aussi glorieux que celui de son aïeul maternel, Robert Bruce; mais il fut beaucoup plus heureux que celui de David II. Il ne fut plus question des prétentions de Baliol à la couronne, et, quoique les Anglais aient fait encore plus d'une incursion en Écosse, ils ne purent jamais rester long-temps maîtres du pays.

(1) La plus ancienne ballade de la bataille d'Otterburn est peut-être celle qu'on trouve dans le recueil de l'évêque Percy, tome Ier, pag. 21 :

Yt felle abowght tho Lamass tide, etc.

A l'époque de la Pentecôte, etc. — Éd.

CHAPITRE XV.

Règne de Robert III. — Troubles dans les Highlands. — Combat entre le clan Chattan et le clan Kay, sur le North Inch de Perth. — Caractère du duc de Rothsay, héritier présomptif, et sa mort. — Le prince Jacques, prisonnier des Anglais. — Mort de Robert III.

Le fils aîné de Robert II s'appelait primitivement John. Mais il avait été remarqué que les rois qui avaient porté le nom de John (Jean), tant en France qu'en Angleterre, avaient toujours été malheureux, et les Écossais avaient une prédilection toute particulière pour le nom de Robert, parce qu'il avait été porté par le grand roi Bruce. John Stuart, en montant sur le trône, changea donc de nom, et prit celui de Robert III. Mais nous verrons que ce pauvre roi ne fut pas plus heureux que s'il eût continué à se nommer John.

Les troubles qui éclatèrent dans les Highlands furent un des fléaux de son règne. Vous devez vous souvenir que cette vaste chaîne de montagnes était habitée par un peuple qui différait, par les mœurs et le langage, des habitans des basses terres, et qui était divisé par familles appelées clans. Les Anglais les appelaient les Écossais barbares, et les Français, les Sauvages de l'Écosse ; et ils ne méritaient que trop, en effet, les épi- thètes de sauvages et de barbares (1). Les pertes que les habitans des plaines avaient essuyées dans les guerres contre les Anglais avaient affaibli à un tel point les pro- vinces voisines des Highlands, qu'elles se trouvaient hors d'état de repousser les incursions des montagnards, qui descendaient de leurs montagnes, pillaient, rava- geaient et brûlaient tout comme s'ils eussent été sur un pays ennemi.

En 1392, une troupe nombreuse de ces monta- gnards, s'élançant des monts Grampiens, fondit tout à coup sur la plaine. Les Chefs s'appelaient Clan-Don- nochy, ou fils de Duncan ; c'est le même clan qui s'ap- pelle aujourd'hui Robertson. Les Ogilvys et les Lynd- says se rassemblèrent à la hâte sous le commandement de sir Walter Ogilvy, sheriff d'Angus, marchèrent

(1) Sous Édouard VI le vidame de Chartres appelait encore l'Écosse *le fin fond des sauvages*. Voyez l'introduction aux *Vues pittoresques d'Écosse* et les notes de la *Dame du Lac*. — Éd.

contre eux, et les chargèrent avec leurs lances. Mais, quoiqu'ils eussent l'avantage d'être à cheval et armés de pied en cap, les montagnards se défendirent avec un tel acharnement, qu'ils tuèrent le sheriff et soixante des hommes de sa troupe, et qu'ils repoussèrent les gentilshommes des basses terres.

Pour donner une idée de leur férocité, on rapporte que sir David Lyndsay, ayant du premier choc passé sa lance au travers du corps d'un montagnard, le renversa par la force du coup, et le cloua à la terre. Dans cette position, et malgré les souffrances d'une cruelle agonie, le montagnard réussit à se redresser sur la lance, et, faisant un dernier effort, il saisit à deux mains sa redoutable claymore, et en porta un coup terrible au chevalier. Ce coup, asséné avec toute l'énergie du désespoir, perça l'étrier et la botte d'acier de Lyndsay, et, s'il ne sépara pas sa jambe de son corps, il le blessa du moins assez grièvement pour l'obliger à quitter le champ de bataille.

Heureusement peut-être pour les habitans des Lowlands, les montagnards sauvages ne vivaient pas plus en paix entre eux qu'avec leurs voisins. Deux clans, ou plutôt deux partis, composés chacun de plusieurs clans séparés, conçurent l'un contre l'autre une telle animosité, que les montagnes n'offraient plus partout que des scènes de discorde et de carnage.

Ne voyant aucun autre moyen de mettre fin à cette querelle, le roi d'Écosse décida que trente hommes seraient choisis dans le clan Chattan, et trente autres dans le clan Kay, pour vider entre eux le différend par un combat à outrance; que ce combat aurait lieu sur le North Inch de Perth, belle et grande prairie entourée en partie par la rivière Tay, et qu'il y assisterait avec toute sa cour. Une politique cruelle semblait avoir dicté cet arrangement; car il était à croire que les Chefs les plus braves et les plus renommés de chaque clan voudraient être du nombre des trente chargés de soutenir la querelle, et il n'était pas moins présumable que le combat serait sanglant et terrible. Il en résulterait donc, selon toute apparence, que les deux clans, ayant perdu l'élite de leurs guerriers, seraient plus faciles à gouverner à l'avenir. Tels furent probablement les motifs qui décidèrent le roi et ses conseillers à autoriser ce combat à outrance, qui du reste était tout-à-fait dans l'esprit du temps.

Les combattans étaient rangés de chaque côté, armés chacun d'une épée et d'un bouclier, d'une hache et d'un poignard, et ils se lançaient l'un à l'autre des regards farouches et menaçans, lorsque, au moment où le signal du combat allait être donné, le chef du clan Chattan s'aperçut qu'un de ses hommes, que son courage avait abandonné, venait de déserter sa bannière. Il n'avait plus le temps d'aller jusqu'au clan pour en chercher un autre, de sorte qu'il ne lui resta d'autre ressource que d'offrir une récompense à quiconque voudrait se battre à la place du fugitif. Vous vous imaginez peut-être qu'il dut être assez difficile de trouver un homme qui, pour un modique salaire, voulût s'exposer aux risques d'un combat que tout annonçait devoir être acharné; mais dans ce siècle guerrier les hommes estimaient peu leur vie. Un nommé Henry Wynd, habitant de Perth et sellier de son métier, petit homme aux jambes tortues, mais plein de force et d'activité, et qui savait manier à merveille la claymore, offrit, pour un petit écu de France, de prendre la place vacante, et de se battre pour le clan Chattan.

Le signal fut alors donné par le son des trompettes royales et des grandes cornemuses de guerre des Highlands, et les deux troupes tombèrent l'une sur l'autre avec la plus grande furie; leur férocité naturelle était encore excitée par la *haine à mort* que se portaient les deux clans ainsi que par l'idée qu'ils se battaient en présence du roi et de la noblesse d'Ecosse, et par le désir de se signaler en soutenant l'honneur de leur clan. Comme ils avaient pour arme la hache et la redoutable claymore, les coups qu'ils se portaient l'un à l'autre étaient terribles, et les blessures véritablement effrayantes. Bientôt la prairie fut inondée de sang; on ne voyait que des têtes abattues, des membres séparés du reste du corps, et il y avait plus de morts et de blessés qu'il ne restait de combattans.

Au milieu de cette affreuse boucherie, le chef du clan Chattan aperçut Henry Wynd qui, après avoir tué un des hommes du clan Kay, s'était retiré à l'écart, et ne semblait plus vouloir se battre.

— Qu'est-ce que c'est? lui dit-il; as-tu peur?

— Non, non, répondit Henry; mais j'ai fait assez de besogne pour un petit écu.

— Allons, allons, donne-nous encore un coup de main, dit le Chef; si tu ne regardes pas à l'ouvrage, je ne regarderai pas au salaire.

Après cette assurance, Henry Wynd se plongea de nouveau dans la mêlée, et par son adresse à manier l'épée il contribua beaucoup au gain de la victoire, qui finit par se déclarer pour le clan Chattan. Il ne restait que dix hommes du parti vainqueur, avec Henry Wynd, que les montagnards appelaient le *Cow Chrom*, c'est-à-dire le serrurier bancal, quoiqu'il fût sellier, parce qu'alors les selles de guerre étaient faites en acier; encore tous les dix étaient-ils blessés. Un seul guerrier du clan ennemi survivait, et il n'avait reçu aucune blessure. Mais, se voyant seul, il n'osa pas lutter contre onze hommes, quoique tous plus ou moins hors de combat, et se jetant dans le Tay, il gagna l'autre rive à la nage, et courut porter dans les Highlands la nouvelle de la défaite de son clan. On dit qu'il y fut si mal reçu par ses amis, qu'il se donna la mort.

Quelques parties de cette histoire ont pu être altérées par la tradition; mais le fond en est authentique. Henry Wynd fut récompensé du mieux qu'il fut possible au Chef montagnard; mais on remarqua qu'après le combat il ne pouvait pas dire le nom du clan dont il avait soutenu la querelle; et, lorsqu'on lui demandait pour qui il s'était battu, il répondait qu'il s'é-

tait battu pour son propre compte. De là le proverbe :
— Chacun pour son compte, comme Henry Wynd se
battait.

Pendant ce temps, des troubles auxquels nous avons
déjà fait allusion éclataient dans la famille de Robert III. Le roi avait été blessé dans sa première jeunesse par un coup de pied de cheval, ce qui l'avait
empêché de se livrer à la guerre. Il était naturellement
doux, pieux et juste; mais il manquait de fermeté, et il
se laissait trop dominer par ceux qui l'entouraient, et
notamment par son frère le duc d'Albany, homme d'un
caractère entreprenant, et tout à la fois rusé, ambitieux et cruel.

Ce prince, le plus proche héritier de la couronne,
s'il pouvait écarter les enfans du roi, chercha à jeter
des semences de discorde et de désunion entre son frère
et le duc de Rothsay, fils aîné de Robert III et son
héritier présomptif. Rothsay était jeune, frivole, adonné
aux plaisirs; son père était vieux, sévère dans ses
principes : on juge bien que les sujets de querelles
ne manquaient point, et Albany avait soin de présenter
la conduite du fils sous le jour le plus défavorable.

Le roi et la reine s'imaginèrent que le meilleur moyen
de corriger le prince, et de le forcer à mener une vie
plus régulière, était de le marier. Albany, qu'ils con-
sultèrent, se chargea de ce soin, et la manière dont il
s'y prit était vraiment une honte pour la couronne. Il
fit annoncer que le prince épouserait la fille du sei-

gneur écossais disposé à payer le plus cher l'honneur de s'allier à la famille royale. Le puissant George, comte de March, fit d'abord l'offre la plus considérable; mais lorsque le prince était déjà fiancé à la fille de ce seigneur, le marché fut rompu par Albany, attendu qu'une somme encore plus forte venait d'être offerte par le comte de Douglas, qui, ayant épousé lui-même la fille du roi, désirait alors que leur fille fût unie à l'héritier du trône. Effectivement ils furent mariés, mais ce fut dans une heure fatale.

Le prince continua à mener une conduite déréglée; Albany continua à instruire fidèlement le roi de ses désordres, et Douglas finit lui-même par devenir l'ennemi de son gendre.

L'histoire de ce règne étant imparfaite, nous ne savons pas exactement ce dont le duc de Rothsay fut accusé, ni jusqu'à quel point ce fut à tort ou à raison. Ce qui paraît certain, c'est qu'il fut remis par son père entre les mains du duc d'Albany, son oncle, et du comte de Douglas, son beau-père, qui le traitèrent avec la plus grande cruauté.

Un décret de prise de corps contre l'héritier présomptif de l'Écosse fut remis à un scélérat nommé Ramorgny, qui, aidé de sir William Lindsay, se chargea de l'exécuter. Le prince, sans défiance, voyageait dans le comté de Fife, lorsqu'ils se saisirent de sa personne, le placèrent sur un méchant cheval de bât, et le conduisirent au château-fort de Falkland, qui appartenait à Albany. La pluie tombait par torrens, mais le pauvre prince ne put obtenir la permission de se mettre à l'abri, et toute la grace qu'on lui fit, ce fut de lui jeter sur les épaules un manteau de paysan.

Arrivé dans cette sombre forteresse, il fut plongé dans un donjon et privé de nourriture. On dit qu'une femme, touchée de ses lamentations, trouva le moyen de lui apporter de temps en temps des gâteaux d'orge bien minces, qu'elle lui passait à travers les barreaux de sa prison, et qu'une autre femme le nourrit de son propre lait. L'une et l'autre furent découvertes, les faibles secours que leur charité ingénieuse lui procurait furent interceptés, et le malheureux prince, dans le mois de mars 1402, mourut de faim, la plus douloureuse et la plus lente de toutes les manières dont la vie puisse finir.

Rien n'indique que le vieux roi, infirme comme il l'était et presque tombé en enfance, ait eu jamais connaissance de l'indigne traitement fait à son fils; mais la vengeance de Dieu parut se déclarer contre le pays où s'était commis un pareil attentat. Furieux de la rupture du mariage projeté entre le prince et sa fille, le comte de March abandonna la cause des Écossais, pour embrasser le parti de l'Angleterre. Il s'enfuit dans le Northumberland, et de là il fit des incursions réitérées sur le territoire de l'Écosse.

Le comte de Douglas, se mettant à la tête de dix mille hommes, entra en Angleterre, bannières déployées, y fit un grand butin, et reprit la route des frontières. Mais le célèbre Hotspur l'attendait à la tête d'une nombreuse armée qu'il avait rassemblée avec George de March et d'autres seigneurs. Douglas, par la même faute qui avait fait perdre tant d'autres batailles, prit position sur une hauteur appelée Homildon, où ses rangs nombreux étaient exposés aux flèches des Anglais, de sorte qu'il voyait tomber autour de lui ses meilleurs soldats, sans pouvoir même venger leur mort. Pendant qu'ils soutenaient ce combat inégal, un brave chevalier, nommé sir John Swinton, s'écria : — Pourquoi rester sur le penchant de cette colline, pour servir de but à leurs flèches et nous laisser massacrer comme des cerfs, quand nous pourrions fondre sur eux, et disputer le combat corps à corps?

Ces paroles furent entendues d'un jeune seigneur qui se nommait le lord de Gordon. La personne au monde qu'il détestait le plus était ce même sir John Swinton, parce que dans une querelle particulière il avait tué son père. Mais lorsque, dans cette extrémité terrible, il l'entendit donner un conseil aussi hardi, aussi intrépide, il demanda à être fait chevalier de la main de Swinton : — Car, dit-il, jamais je ne pourrai l'être de la main d'un plus sage ni d'un plus brave capitaine. Swinton lui accorda sa demande, et après cette cérémonie Gordon et lui, suivis de leurs partisans, se précipitèrent ensemble au milieu des Anglais et en firent un grand carnage; mais n'étant pas soutenus par les autres chefs, ils furent accablés par le nombre et taillés en pièces (1). Les Écossais perdirent la bataille et furent mis en pleine déroute; et Douglas, blessé, ayant perdu un œil en combattant, fut fait prisonnier par les Anglais.

Les événemens qui suivirent sont assez remarquables, et, quoiqu'ils appartiennent plutôt à l'histoire d'Angleterre qu'à celle d'Écosse, il est bon que vous les connaissiez. Le comte de Northumberland, père d'Hotspur, avait formé avec lui le projet de se révolter contre Henry IV, alors roi d'Angleterre. Pour fortifier leur parti, ils rendirent à Douglas sa liberté, et l'engagèrent à les seconder dans la guerre civile qu'ils méditaient. Douglas y consentit, alla réunir une bande nombreuse de ses compatriotes, et se joignit à Henry Percy, surnommé Hotspur. Ils marchèrent ensemble contre les Anglais, et livrèrent une bataille mémorable à l'armée royale, près de Shrewsbury. Comme Henry IV assistait en personne au combat, Douglas résolut de le chercher et de décider sur le-champ la question en le tuant ou en le faisant prisonnier. Il se trouvait dans l'armée du roi plusieurs autres guerriers absolument armés et montés comme Henry. Douglas en tua jusqu'à trois, poussant des cris de surprise à chaque fois qu'il en découvrait un nouveau. Lorsqu'enfin il rencontra le véritable roi, il s'écria : — D'où diable tous ces rois sortent-ils? Il courut sur Henry avec la même fureur dont il avait été animé en attaquant ceux qui le représentaient, renversa la bannière royale, fit mordre la

(1) Sir Walter Scott a poétiquement transporté ce trait chevaleresque dans *Halidon-Hill*. — Éd.

poussière à sir Thomas Blunt, brave chevalier qui la portait, et il allait parvenir jusqu'au roi et lui porter le coup fatal, lorsque le vaillant prince de Galles, avec une foule de guerriers, accourut au secours de son père. Hotspur venait d'être tué d'un coup de flèche, et sa troupe s'était mise à fuir. Il fallut bien que Douglas se décidât à en faire autant; mais son cheval s'étant abattu en gravissant une colline, il tomba pour la seconde fois au pouvoir de ses ennemis.

Revenons au pauvre roi Robert, qui était alors accablé sous le poids de l'âge, des infirmités et des malheurs domestiques. Il lui restait encore un fils nommé Jacques, qui pouvait avoir onze ans. Craignant sans doute de le confier au duc d'Albany, que sa mort aurait rendu le plus proche héritier du trône, il résolut d'envoyer le jeune prince en France, sous prétexte qu'il recevrait une meilleure éducation qu'en Écosse; mais le vaisseau qui conduisait Jacques en France fut pris par les Anglais, et le prince fut envoyé à Londres. Lorsque Henri apprit que le prince héréditaire d'Écosse était en son pouvoir, il résolut de le retenir prisonnier. C'était une injustice criante; car l'Écosse et l'Angleterre étaient alors en paix; mais le roi ne l'en envoya pas moins en prison, disant qu'il serait tout aussi bien élevé à sa cour qu'à celle de France, attendu qu'il savait le français. C'était par dérision qu'il disait cela; mais Henry tint effectivement parole, et quoique la détention du prince écossais fût injuste, il reçut une excellente éducation aux frais du roi d'Angleterre.

Cette nouvelle infortune, qui plaçait le seul et dernier fils du pauvre vieux roi entre les mains des Anglais, brisa le cœur de Robert III, qui mourut un an après, accablé de douleur et de souffrances.

FIN DU TOME PREMIER DE L'HISTOIRE D'ÉCOSSE.

TABLE

DES CHAPITRES DE CE VOLUME.

Préface de l'Auteur.   Page   j
Avis de l'Éditeur.   iij
Dédicace.   vij

CHAPITRE PREMIER.

Comment l'Angleterre et l'Écosse vinrent à former des royaumes séparés.   11

CHAPITRE II.

Histoire de Macbeth.   21

CHAPITRE III.

Du système féodal, et de la conquête de l'Angloterre par les Normands.   36

CHAPITRE IV.

Mort d'Alexandre, roi d'Écosse. — Usurpation d'Édouard Ier.   50

CHAPITRE V.

Histoire de sir William Wallace.   62

ŒUVRES COMPLÈTES
DE
JAMES FENIMORE COOPER.

Cette édition sera précédée d'une notice historique et littéraire sur les États-Unis d'Amérique ; elle formera vingt-sept vol. in-dix-huit, imprimés en caractères neufs de la fonderie de Firmin Didot, sur papier jésus vélin superfin satiné ; ornés de vingt-sept titres avec des vignettes représentant des scènes tirées des romans américains et des vues des lieux décrits par l'auteur, gravés en taille-douce par MM. Alfred et Tony Johannot, sur leurs propres dessins, composés d'après des documens authentiques ; de neuf cartes géographiques destinées spécialement à chaque ouvrage, par A. Perrot et P. Tardieu ; d'une carte générale des États-Unis d'Amérique, et d'un portrait de l'auteur. La traduction est entièrement revue sur le texte, et elle est accompagnée de notes explicatives.

ŒUVRES COMPLÈTES
DE SIR WALTER SCOTT.

Cette édition est précédée d'une notice historique et littéraire. La traduction est entièrement revue sur le texte, et elle est accompagnée de notes explicatives. Elle formera quatre-vingts vol. in-18, ornés de 250 gravures, vignettes et cartes géographiques, et d'un portrait de l'auteur.

CONDITIONS DE LA SOUSCRIPTION AUX DEUX COLLECTIONS.

Il paraît tous les mois une livraison de chacun des auteurs. Chaque livraison se compose de trois vol. de texte et d'un atlas renfermant les planches. Prix : 12 fr.

ON SOUSCRIT, SANS RIEN PAYER D'AVANCE, CHEZ LES ÉDITEURS,

CHARLES GOSSELIN, LIBRAIRE | A. SAUTELET ET Cⁱᵉ
DE S. A. R. M. LE DUC DE BORDEAUX, | LIBRAIRES,
Rue St-Germain-des-Prés, n. 9. | Place de la Bourse.

www.ingramcontent.com/pod-product-compliance
Lightning Source LLC
Chambersburg PA
CBHW070630170426
43200CB00010B/1966